JN436937

곰나루터에서 허드슨강까지

곰나루터에서 허드슨강까지

1판 1쇄 발행 2022년 3월 25일
지은이 이기웅 신경애
발행인 이선우
펴낸곳 도서출판 선우미디어
등록 | 1997. 8. 7 제305-2014-000020
02643 서울시 동대문구 장한로 12길 40, 101동 203호
☎ 2272-3351, 3352 팩스: 2272-5540
sunwoome@hanmail.net

값 15,000원

ISBN 978-89-5658-694-6 03810

곰나루터에서 허드슨강까지

송당 이기웅 · 신경애 부부 자전에세이

Short Reflection of Kiewoong Walter & Katherine Rhee

선우미디어 sunwoomedia

감사의 기도문

오늘도 살아 계셔서 우주 만물을 운행하시는 주님의 은혜에 이 죄인의 가슴속 깊은 곳에서 울려 퍼지는 감사와 찬양을 올립니다.

작으나마 믿음을 허락하심에 감사합니다. 이 시간도 호흡하게 하심에 감사합니다. 움직일 수 있는 건강 주심에 감사합니다. 주님 사역에 이 종을 작은 도구로 사용해 주심에 감사합니다.

이 죄인의 인생길에 현명한 사람을, 온유한 동반자요, 영원한 반려자로 아내를 허락해 주심에 무한 감사 드립니다. 여러 식구들로 번창하게 하심에 감사합니다. 집안의 기업을 허락하심에 감사합니다. 자손들을 통해 충만한 하나님의 축복과 은혜를 느끼며 살도록 인도하시니 감사합니다.

허락하신 저희 자손들을 주님의 선하신 손으로 인 치시며 구속하시고 그들과 동행하시어 인도하심에 감사 드립니다.

풍성하고 넘치는 축복 받아, 그 축복을 누리고 주위와 나누며 살기를 기도합니다. 그들이 속한 곳에서 귀한 몸들 되게 하시고, 그들의 삶을 통해 주님의 성호를 더 높여 드리며, 주님께 큰 영광 올려 드리는 신실한 주님의 일꾼들로 인도하시길 기도드립니다.

하나님 아버지, 이 죄인의 잔이 주님의 은혜와 축복으로 차고 넘쳐나니 무한한 감사를 이 시간 올려드립니다.

허락하시는 한량없는 은혜와 축복에 감사와 찬양, 영광을 올려 드리오며 예수님 이름으로 기도드립니다. 아멘.

Almighty God,

As a sinner and humble servant, I offer thanks and praise to you. Thank you for giving me the letting me breathe.

Even though it is a small token, thank you for giving me my faith.

Thank you for giving me good health.

Thank you for allowing me to carry out your plan.

Infinite thanks to you my Lord, for providing me with a wise, gentle and eternal companion to be by my side.

Thank you for allowing our family to prosper.

Thank you for blessing me with successful business ventures.

Thank you for the blessings and grace of God that you have bestowed upon our descendants.

I earnestly pray that you will receive abundant blessings, and that those blessings are received with gratitude; please helps us to share this precious life with others.

I continuously pray that you will lead my family to sing your praise and promote the name of the Lord throughout their lives. Lead them to be faithful servants and to give great glory to the Lord.

Heavenly Father, I give you infinite thanks, whose cup overflows with your grace and blessing. I give thanks, praise, and glory for your abundant grace and blessings you allow.

I pray in Jesus' name. Amen.

송당(松堂)

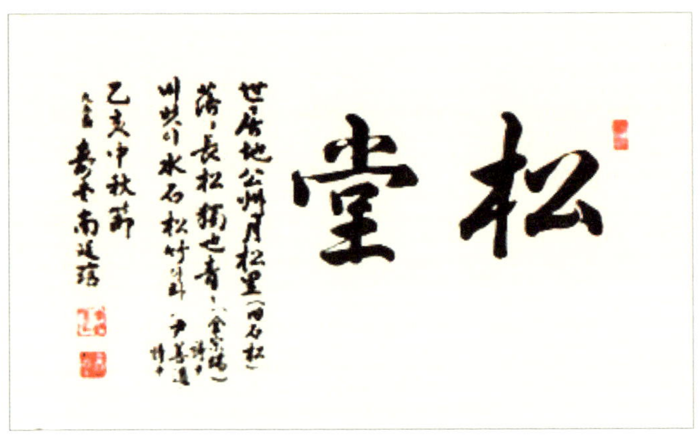

Written Name 'SONGDANG' was given
by Elder JungKwan Nam at his 95 Years.

미국 뉴욕 한인사회에서 봉사하는 것을 보시더니 수당 남정관 장로님(공주시 영명고등학교 교장 역임. 미 감리교 해외 선교국에서 파송된 엘리스 샤프 선교사가 설립한 역사가 깊은 학교, 남학희 목사님의 엄친)께서 나를 잘 아신 연고로 필명을 '송당'으로 내려주셨으며, 95세의 연세에도 불구하고 휘호를 써주셨기에 이 자전에 기록으로 남깁니다.

'송'은 소나무의 의미를 갖는데 내가 태어난 월송리 사송정에서 '송'을 인용하셨고, 시조님을 모신 명탄서원이 있어 '당'을 인용하셨다고 설명해 주셨다.

은퇴금을 받아 기독교 전파가 가장 어려운 나의 고향 마을에 감리교를 건축·설립하시어 많은 사람으로부터 존경을 받으셨던 장로님, 103세까지 장수하셨는데 기독교 장로님의 전형적인 표본이셨다.

After witnessing my volunteer activities in the Korean community in the New York, Elder JeongGwan Nam (Principal of YungMyung High School in my home town of Gongju city, a historic school established by Missionary Ellis Sharp founded by the US Methodist Overseas Mission Bureau) Pastor HakHee Nam's father wrote this calligraphy piece for me highlighting Song Dang. "Song" means a pine tree, and also represents "song" from the Wolsong-ri where I was born. He quoted "Dang" because he had a memorial from "MyungTan SeoWon" the place of respect for our ancestor.

차례

2장 미국에서 뿌리를 내리기까지

3장 나의 신앙과 성지순례

아내 신경애 편

4장 주님의 은혜로 꿈은 이루어진다

아내 신경애 Exhorter Katherine KyungAe Rhee

| 추천의 글 |

자손들에게 들려줄 만한 이야기가 있는 삶의 이야기

안명훈 목사

뉴저지 아콜라 한인 감리교회

이기웅 장로님과 신경애 권사님의 자서전을 읽으며 느낀 것들이 있습니다.

첫째로, 두 분의 이야기는 '자손들에게 들려줄 만한 이야기가 있는, 삶의 이야기'라는 것입니다.

자손들이 두 분의 이야기를 읽고 무엇을 느낄까?

"정말로 멋진 삶, 성실하고 아름다운 삶을 사셨구나."

"우리들의 부모님, 할아버지 할머니는 정말로 멋진 분이시구나! 우리가 그분들의 자손이라는 것이 참으로 자랑스럽다!"

"우리도 두 분의 삶을 본받아 최선을 다하여 성실하고 아름다운 삶을 살아야지! 우리도 자손들에게 들려줄만한 이야기가 풍성하게 있는 귀한 삶을 살아야지!"

두 분의 삶에 대한 진솔한 이야기들은 자손들로 하여금 이러한 생각을 저절로 불러 일으킬만한 귀한 '내용이 있는 이야기들'입니다.

둘째로, 두 분의 삶의 이야기 가운데는 저변에 흐르는 삶의 고백이 있습니다. 그것은 모든 것들이 다 '하나님의 은혜'라는 고백입니다.

두 분의 이야기를 읽다보면, 하나님께서 저들의 삶을 인도하셨음을 알 수 있습니다. "사람이 마음으로 자기의 길을 계획할지라도, 그 걸음을 인도하는 자는 여호와시니라."(잠언 16:2)라는 잠언서의 말씀처럼, 지금 두 분을 현재의 모습으로 이 자리까지 인도하여 주신 분은 하나님이셨습니다.

삶의 어려운 고비들도 있었습니다. 그때마다 저들의 삶을 더 선하고 복된 길로 인도하여 주신 분이 하나님이셨습니다. 인생의 갈림길에서 가장 좋은 길로 인도하여 주신 분도 하나님이시고, 위기를 축복으로 바꿔 주신 분도 하나님이셨습니다. 이기웅 장로님과 신경애 권사님은 이 사실을 깊이 깨닫고 고백합니다.

"모든 것이 다 하나님의 은혜였습니다."

"주님의 은혜로 우리들의 꿈은 이루어졌습니다."

두 분의 자서전은 이러한 귀한 신앙의 고백서라고 볼 수 있습니다. 신앙생활을 하는 자세는 물론이고, 훌륭한 신앙의 성품들을 가지신 분들이십니다.

이 글을 쓰신 이기웅 장로님과 신경애 권사님께 축하를 드립니다. 많은 사람에게 읽히는 문학작품을 쓰신 것보다 더 귀한 글을 쓰셨습니다.

앞으로 두 분 모두 더욱 더 건강하시고, 하나님께서 베풀어 주시는 귀한 은혜와 축복을 두 분이 함께 오래 누리시고, 더 많은 사람들과 나누는 복된 삶이 되시기를 바랍니다. 무엇보다 두 분의 아름다운 삶과 신앙이 자손 대대에 귀하게 이어지기를 우리들의 삶의 선한 목자가 되시는 예수님의 귀하신 이름으로 축원합니다.

| REMARKS |

REFLECTIONS ON LIFE WITH GREAT STORIES TO TELL TO SHARE WITH THEIR DESCENDANTS

Rev. Dr. Timothy Myunghoon Ahn

Arcola Korean United Methodist Church, N.J. USA

The biographies of Elder Kie Woong Rhee and Exhorter Kyung Ae Shin have impressed me for the following reasons.

First, the stories told by the two are "stories worthwhile to share with their future generations." I wonder what will their descendants think as they read their stories?

"I am sure, they will say "what a blessed and precious life they have lived!"

"They have lived such a sincere and blessed life."

"Our parents, grandfather and grandmother were really cool people."

"How proud we are to be their descendants."

"We should imitate the lives that the two of them lead and do our best to also live a sincere and meaningful life like them!"

"We should also live life to the fullest and create abundant stories to share with our descendants as well!"

Second, reading the stories that they share about themselves, one realizes that they are genuine confessions coming from the bottom of their hearts. It is a confession and realization that everything stems from the Grace of the Lord. When you read their stories, you can see that the Lord has been guiding their lives. As in the book of Proverbs "A man plans his way in his heart, but the Lord directs their steps." (Proverbs 16:9)

Although they had difficult moments in their life, it was the Lord who led their lives back to a better and happier path. It was God who led them on the best path at the crossroads of life, and it also was God who turned their crisis into his blessings. The authors are deeply realized and confess them.

"It was all by the Grace of Lord."

"With the Grace of Lord, our dreams come true!" These biographies can be regarded as their precious confession of such a faith.

As senior pastor of the church that they attend, I know them very well and I can say that they are really faithful and exemplary Elder and Exhorter. They are faithful parishioners who not only have the attitude to lead a life of faith, but also have great qualities of faith. Congratulations to both of you for writing these wonderful stories!

You have carried out and performed more precious works than you can imagine.

I pray both of you will be in great health, enjoy the many blessings from our Lord and share those blessings with everyone that you meet in the years to come.

Above all, I am praying that your faith and God's blessings will pass on to your children and generations to come. I bless both of you in the precious name of Jesus, who is the Good Shepherd of our live.

| 추천의 글 |

송당 이기웅 장로 내외의 자서전을 읽고

장철우 목사

미 연합감리교 은퇴목사

감명 깊었다. 인간승리의 글이었다.

76이 넘은 나이에 두 사람의 몸은 부숴졌으나 그들은 세상을 이겼다.

위대한 가문의 승리, 생존의 승리, 믿음의 승리였다. 흙에서 온 육신은 부숴졌으나 그 혼은 별빛처럼 빛난다. 영원히 빛날 것이다. 이러한 승리가 어디서 온 것일까?

첫째, 가문의 전통을 귀히 여기어 그 얼과 뜻을 이어받은 데 있었다.

대대로 이어온 조상의 역사를 간직하고 이어준 위대한 전승의 유산이었다.

둘째, 하나님의 특별한 사명과 은혜를 입었다.

그것은 무슨 일이든 자기가 할 일, 맡겨진 일에 최선을 다한다. 그러기에 학생일 때는 1등을, 교수로서 전공 분야의 집필이 대학 교재가 될 수밖에 없었다.

유학 시절 극심한 생활고에도 전공 분야의 석사를 취득하였다.

동포들을 위하여 한인회 회장, 실무 담당의 수석부회장, 한인학교 교장, 이사장 등 전심전력을 투구하여 모범적인 실무와 가장 우수한 한인학교로 발전시켰다.

셋째, 부모로서 자녀들을 위하여 최선의 노력과 믿음을 가지고 끊임없이 기도하였다.

세 자녀의 바른 인격과 전공분야의 권위자들로 키워 성공시켰다. 아메리칸드림을 성취하였다.

넷째, 새로운 세계를 향해 언제나 도전한다. 은근과 끈기를 가지고 성취하고야 만다. 이러한 정신은 그들의 생이 끝날 때까지 이어질 것이다. 우리 민족 반만년 역사에 이어진 전통이다. 그 예로 16만의 대장경(8만은 소진되었고, 8만은 해인사에 보관)과 조선 500년의 왕조실록이 증명해 주고 있다.

다섯째, 두 부부는 신앙의 사람이다. 그러기에 하나님으로부터 선택받은 사람들이라 믿는다.

송당 이기웅 장로와 신경애 권사는 명칭이 많다. 반장, 교수, 한인회장, 수석부회장, 이사장, 사장, 그리고 약사, 사모 등 그러나 그들이 소중히 여기며 마지막까지 불리기 원하는 것은 장로, 권사의 명칭이다. 이들은 분명 하나님의 사람들이다.

신명기 32:7 말씀에 기억하라, 생각하라, 물으라, 대답하라, 이스라엘에 내려준 하나님의 신탁이다. 이 명령을 따르고 계승한 유다 민족은 그것에서 예언을 찾고 계시의 꿈을 가질 수 있었다. 마침내 인류를 구원하는 메시아를 탄생시켰다.

송당 이기웅 장로 내외의 전기는 가문의 전통만을 이어주는 것에서 나아가 예언과 내일의 계시를 찾아 위대한 역사의 길이 남을 인물들이 배출될 것을 기대한다.

THE BIOGRAPHY OF SONGDANG KIE WONNG RHEE AND HIS WIFE

Retired Pastor **Paul ChulWoo Chang**
United Methodist Church, USA

I was impressed with Elder Rhee's autobiography. It is a story of survival, victory, and faith. Through his trials, the physical form given to Elder Rhee on this earth was destroyed, and replaced with an enlightened spirit that shines on.

Where did this victory come from?

First, it stems from strong family values inherited from the spirit of great tradition and preserved from his ancestors, one generation to the next.

Second, Elder Rhee was blessed with God's special mission and grace. He does his best in whatever he does, and is entrusted to him. As a student, he achieved first place. as a professor, his writings in a new field were bound to become a university textbook. He acquired the 2nd master's degree from New York University

while he was studying abroad. On behalf of his fellow Koreans, he put his heart into working as the president, chairman, the senior vice president of the Korean–American Association of Great New York Inc., the chairman, and then the principal of the Korean School, which are all exemplary roles.

Third, as parents, we constantly prayed for our children with all our effort and faith. He raised his three children the best that he could and they became authorities in their respective fields in order to succeed. The American dream has come true.

Fourth, he always rises to the challenges presented by the new world. He conquers these challenges subtlety and with perseverance.

Fifth, these two people of faith were chosen by God for one another. Elder Kie–woong Rhee and exhorter Shin Kyung–ae have many titles. They have been and are called: Class representative, professor, chairman, vice president, president, pharmacist, wife, mother etc., but what they cherish most and want to be called in the end is Elders and exhorter. These are clearly people of God.

Remember to always think of, ask of, trust in, and answer God's call. The people of Judah followed this order and were able to find prophecy with dreams of revelation.

"It was all by the Grace of Lord."

"With the Grace of Lord, our dreams come true!" These biographies can be regarded as their precious confession.

| 추천의 글 |

주님의 은혜로 꿈은 이루어지다

이균형 권사

기독실업인회 증경회장

이기웅 장로님이 “곰나루터에서 허드슨 강까지”를 출간하여 세상에 내어놓게 한 것은 하나님께서 기뻐하시는 일이며 하나님께 영광을 드립니다.

자서전은 저자의 지성과 감성, 영성을 종합한 인격을 통해 하나의 작품으로 훌륭했습니다.

소년 가장으로 공부하며 가정을 가꾸어가는 고난의 가시밭길을 그리스도와 동행하여, 마침내 꿈을 이룬 것은 장로님이 무척 힘들게 살아온 실화이기 때문에 더더욱 감동적인 교훈을 줍니다.

바울 사도는 고린도전서 11장 1절에 내가 그리스도를 본받는 자 된 것같이 너희는 나를 본받는 자 되라고 권면했습니다.

본받을 수 있는 인물이 각계각층 각 분야에 많을수록 그 사회는 건전하고 질서가 확립되는 것입니다.

가정에서도 마찬가지 자녀들도 그런 품성을 가진 인격적인 존재로 성장합니다. 또 그런 가정은 설령 경제적으로 어렵다 해도 인정과 애정의 결핍이 없기에 흐트러지는 법이 없습니다.

첫째, 하나님의 보호와 사랑과 섭리에 감사 드립니다. 1972년 5월 1일 정든 고향과 가족을 두고 만리타향 미국으로 유학길에 올라 50년을 살아온 지금 가족이 57명이 되며 특히 자녀 3남매가 장녀는 의사로 사위는 Computer specialist로, 장남 내외는 변호사로, 차남 내외는 치과의사로 자리 잡기까지 묵묵히 뒷바라지하여 성공시킨 것은 정성을 다하는 부모 모습에 하나님께서 보호해주신 것입니다.

둘째, 고난과 역경 앞에 낙심하지 않고 성공하겠다는 의지와 노력의 결실을 보여준 저자의 삶에 깊은 감동을 줍니다.

영국 잠언에 '최선을 다하라 그리고 하나님의 축복을 기다리라'는 말이 있습니다. 하나님께서는 최선을 다하는 사람에게는 은혜와 복을 주십니다. 사람이 원하고 바라는 것은 모두 그 사람 자신의 힘 속에 있기 때문입니다.

셋째, 이기웅 장로님은 온갖 불편을 극복하며 하나님이 기뻐하시는 많은 헌신과 봉사활동을 하였습니다. 힘들고 어려운 시기에 자기건설에 최선을 다해 하나님께 쓰임 받는 장로가 되었으며

1) 미국 연합감리교회 소속 스탠드 아일랜드 한인교회 평신도 대표, 시무 장로 및 아콜라 연합감리교회 시무 장로 및 원로 장로
2) 뉴욕 한인회 수석부회장 및 스태튼 아일랜드 한인회 회장.
3) 스탠튼 아일랜드 한인학교 교장 및 이사장으로 교민과 2세들을 위한 한글과 정체성 교육에 힘써 교육현장 이념 구현에
4) 한국 아동복지회 뉴욕 후원회 회장으로 매사 솔선수범하며 인간수양에 근본인 물(水)이 가진 덕목(德目)에 합당한 삶을 살아야 한다고 자손들에게, 물 같은 내공으로 아름다운 선(善)의 경지를 이루

라고 하며, 2세 3세들을 위해서는 자서전 한 페이지 한 페이지마다 영문으로 번역하는 세심한 배려와, 귀국하는 길에는 반듯이 고향 공주에 계신 선영에 참배하는 효심은 참으로 아름다웠습니다.

이 시대를 살아가는 사람들에게 새로운 선한 자극을 주고 이 자서전을 통해 우리 모두에게 인생의 비전을 향해 나아가는 자세가 무엇이며 무엇을 자손들에게 남겨야 할지를 돌아보는 깨달음이 있기 바랍니다.

승리하는 삶의 모델을 보여준 그 인생, 그 가정에 동행하신 하나님께서 더 풍성한 열매를 맺어 주시기를 소망합니다.

BY THE GRACE, OF THE LORD, DREAMS COME TRUE

Exhorter **KyunHyung Lee**
Ex-president of C.B.M.C

Elder Kie-woong Rhee published his memoir, "The Dream Comes true by the Grace of the Lord." It is to God's delight that he brought this work to your life and to the world. This autobiography is a combination of the author's intelligence, deep emotion, and spirituality. It was a great piece to read.

Starting a challenging life on a path to study as a boy, acting as the breadwinner and to raise a family was challenging, to say the least. With the Grace of God, finally achieving his dream; Elder Rhee had a very hard time. Paul the Apostle, became a model of Christ in Corinthians 11:1. Together, I urge you to also become a model of Christ as well.

Children must emulate their parents; we must all act as diligent, warm-hearted followers of Christ who educate children and serve his neighbors. Even if it's hard, the rewards you reap, the recognition, and affection that you receive from God are tremendous, so you never lose. Always thank God for his eternal protection, love and providence over our beloved hometown and family. Elder Rhee spent 50 years studying in the U.S. He now has 58 family members living in the US. He has a loving successful family. He demonstrated his perseverance, his determination, and best efforts to succeed without being discouraged in the face of hardship and adversity.

There is a saying, "Do your best and wait for God's blessing." God gives grace and blessing to those who do their best. Elder Rhee overcame all kinds of adversity and said, "I hope that God will be happy about it." He committed and volunteered himself even in times of hardship. He became an elder who was then used by God to become:

1) Lay leader of Korean United Methodist Church of Staten Island, retired elder and elder of Arcola Korean United Methodist Church.
2) Senior Vice president of the Korean-American Association of Greater New York and president of the Korean-American Association of Staten Island.
3) Principal and Board Chairman of the Korean School of Staten Island in New York. He promoted the teaching of Hangeul encouraged the teaching of heritage for Korean descendant and second-generation of Korean-Americans.
4) President of the Korean-American Friends of Thirteen and the Korean-American Friends of The Save-the-Children.

Korea.

We need to live a life worthy of the seven virtues for our descendants. Your filial piety has been so beautiful. I am thankful that you had the realization to look back on your life and all that you will leave for your descendants. You showed the role model of life by the Grace of God who watched over your family. I pray that all that you have planted will continue to bear abundant fruit.

자서전을 펴내면서

젊음이 한창일 때는 잘 느끼지도 생각하지도 못했던 일과 생각, 감정들이 이제 내 나이 팔순을 눈앞에 두고 보니 여러 가지의 일들이 계속하여 엄습해 옴을 느낄 수 있다.

노력하며 열심으로 살아온 지난 일들이 주마등처럼 내 마음의 한구석에 빈 공간을 채우며 스치고 지나간다.

오늘도 살아 계셔서, 우주 만물을 주관하시며 나와 동행하시고 선한 길로 인도하신, 참 좋으신 하나님께 찬송드린다. 가슴속 깊은 곳에서 솟아나는 나의 이 감사를 글로 남기고자 한다.

특히 2021년은 아내와 부부 인연을 맺은 지 50주년이 되기에 지난 세월 인도하시고 지켜 주신 주님의 은혜에 더욱 감읍하며 여러 식구들과 같이 이 기쁨을 나누고자 한다.

또한 내 사랑하는 여러 자손에게 우리 공주이씨의 내력과 나의 인생 여정의 단편을 적어 전함으로써 장차 후손들이 자신이 어디에서, 어떻게 비롯되었는지, 어떻게 인생을 살아갈 것인가를 알려 주고 싶었다. 이것이 한 세대를 살다가는 아비된 나의 심정이고 책임이라 생각되어 이 책을 준비하였음을 밝힌다.

PROLOGUE

Things, thoughts, and emotions that I couldn't feel or think well like when my youth was in full swing. Now looking at my age 76, and I can feel that unforeseen various things are coming.

The past things that have been pioneering and striving with earnestness fill the empty space in the corner of my heart like a kaleidoscope, and pass through my memories.

I am still alive today, and I have decided to leave this note in order to pay my gratitude, my gratitude that springs from the depths of my heart. And my beloved, it is your father's responsibility to leave a family story by writing down our ancestor Rhee's history and my life journey to many descendants so that future generations will know where he is, how he came from, and how he will live.

1장

나의 뿌리와
한국에서의 삶

미국 유학길에 서다

아메리칸드림을 기대하며 설레는 마음으로 집사람 손을 잡고 미 대륙에 첫발을 내디딘 것은 1972년 5월 1일이었다.

김포공항에는 여러 식구가 떠나는 우리 부부를 배웅하기 위해 나오셨다. 정릉에 사셨던 나의 둘째 할아버님, 할머님, 작은 누님 부부, 복희, 복기, 승주, 경자 동생들과 장인 장모님, 큰처남 부부, 경숙, 명균, 인균, 광균 처제들과 성균 처남 등 모든 식구가 배웅해 주셨다. 김용천 회장, 김정임 님, 박제우, 제자들이 나와 배웅해 주었다. 한동안 만나지 못한다는 아쉬움에 온 식구가 눈물바다를 이루었고, 떠나는 우리 부부는 마음속으로 울며 일본행 비행기에 몸을 맡겼다.

노스웨스트(NWA) 항공기에 몸을 싣고 서울 김포공항을 떠나 일본 하네다공항에서 도착하여 다시 미국행 North West Airline 비행기로 갈아탔다. 그런데 서울에 계신 할머님께 영선이 양육을 맡겨 놓고 떠나야만 했던 우리 부부는 근심과 걱정을 놓지 못하였다. 집안의 가장 격인 우리 부부가 식구들을 두고 이역만리 미국으로 떠나는 일은 그리 쉬운 결정은 아니었다. 앞날을 위해 사회적으로나 경제적으로 불안정한 상태인 가족들을 두고 떠나는 나의 심정은 희로애락이 소용돌이치고 있었지.

영선이가(Diane) 혹시 아프면 필요할까 싶어 '기응환'을 공항 약국에서 구입했던 기억이 난다. 어린 딸아이를 뒤에 두고 떠나는 우리의 마음은 말로 표현할 수 없이 착잡하기 그지없었다.

김포공항 환송: 친가 식구. 뒷줄→ 복희, 승주, 정릉 할아버지, 둘째 매형, 본인, 둘째 누님, 복기. 앞줄→ 정릉할머니, 처, 모친, 경자, 희섭(1972. 5. 1)

김포공항 환송: 처가 식구 (뒷줄→) 큰처남 부부, 장모님 친구, 경숙, 신경애, 장모님, 큰이모님과 따님, 기웅. (앞줄→) 동생 창세, 장조카 현구, 성균, 광균, 인균, 장인어르신 (1972. 5.1)

Stand on the way to study in the United States

Holding my wife's hand in eager anticipation of the American Dream, we left for the continent of America on May 1, 1972. After boarding a Northwest (NWA) airline, we left Gimpo Airport in Seoul, landed at Haneda Airport in Japan, and then transferred to the NWA flight to the United States. All the while, we were filled with anxiety and worries, leaving our daughter Young Sun (Diane) in the care of my mother. Our thoughts were heavy with worry about leaving Young Sun behind. I remember going to the airport pharmacy to buy the medicine Ki Eung Hwan in case she got sick. It wasn't easy for us to leave our family members behind and leave for the United States. At that time, we were not in a socially or economically stable state. The need to leave behind our entire family for the chance at hope and well-being of the future filled us with joy and sorrow. We were especially worried about leaving Young Sun Diane behind and those emotions are still too much to put into words.

Our whole family came to the airport to see us off. My grandfather who lived in Jeongneung, my grandmother, my younger sisters, and my wife's family. The family members whom we would not be able to meet for a long time shed "a sea of tears", and we cried our eyes out while on the flight to Japan.

생전 처음 뉴욕행 대형 비행기에 몸을 싣고 보니 그 웅장함과 짜임새 있게 잘 갖추어진 시설에 놀라웠던 기억이 난다. 태평양 상공에 다다르니 기내 안내 방송이 나오는데 몇 마디는 이해할 수가 있었지만, 대부분 알아듣지 못해 언어의 한계를 뼛속 깊이 느끼는 시간이었다.

1972년 5월 2일(화) 오전, 희망을 안고 오른 여객기가 긴 비행 끝에 물 설고 말 설고 낯선 미국의 시애틀공항에 도착하였다.

생전 처음 입국 순서 절차를 마쳤다. 그리고 공항 밖으로 나선 순간, 우리가 어디로 가야 할지 방향 감각을 잃어버린 채 어리둥절했던 우리 모습이 눈에 선하다. 거칠 것 없이 자신만만했던 한국에서의 삶을 뒤로 하고 이제는 모든 일이 새롭기만 한 갓난아이가 되어버린 듯하여 근심 걱정이 많았다. 그때 시카고에 살고 있던 엄마 친구가 시카고를 경유하는 우릴 만나겠다고 마중까지 나오셨던 일도 잊을 수 없다. 장장 20시간의 기나긴 여정 끝에 해가 진 저녁 무렵 JFK공항에 도착했다.

이제 미국을 새로운 내 조국으로 삼고 50년을 넘게 살아온 지금, 우리 식구는 58명이 되었다. 이 모든 일이 하나님의 인도하심과 은혜와 축복이 아니겠는가. 선하신 하나님의 손길로 인도, 동행하셨기에 가능한 일들이었다.

오늘도 설레는 마음과 감정들이 고요한 이 저녁 나의 가슴을 스치며 지나고 있다.

On the way to America

For the first time in my life, I got on a large plane and left for New York. I remember being in awe and amazed at the grandeur of the well-equipped plane. As I flew over the Pacific Ocean, an in-flight announcement was made, and I could understand only a few words; I became acutely aware of the limitations that I had with the English language.

At dawn on May 2, 1972 (Tues), I arrived at Seattle Airport in the United States with tremendous hope and finished the entry procedures into the US for the first time in my life. After going through immigration, I remember feeling lost, without a sense of direction, and confused in the direction that I needed to go. I left my familiar life in Korea, where I was confident in the language, the ways and started this strange new life. Everything was as new to me as the world is new to a child. I still remember this emotion as though it was yesterday. During our transfer in Chicago, I remember that my mom's friend lived there. He came to the airport to meet us and wish us well on our journey. After a long 20-hour journey, my wife and I arrived at JFK airport at sunset alone and scared. After having lived in our new homeland for more than 50 years, we have 58 family members who have joined us. Are not all these things by God's guidance, grace, and blessings? It was all made possible because we let him lead and walk with us. We were always in the hands of a good, merciful God. Even now, my heart flutters and there are strong emotions that I feel on this quiet evening; I am thankful for all of his blessings.

명탄서원조정비(鳴灘書院廟廷碑) 와 충절사(忠節祠)

우리 가족의 뿌리

우리 공주이씨의 시조는 문무공(文武公) 이천일(李天一)님이시다.

공께서는 기원전 53년(신라 박혁거세 5년) 중국 한나라에서 대사마 대장군이 되어 흉노족을 정벌하신 공을 세워 요동백에 봉군되신 후 신라에 돌아와 공산(公山: 공주의 옛지명)군에 봉군되셨으므로 후손들이 공주(公州)를 본관으로 삼게 되었다.

그후 시조의 39세 전공판서 이엽(李曄)의 후손에서 크게 번창하여 6형제파로 분파하게 되었다. 전공판서공의 장남 명선(明善)은 경력공파·차남 명성(明誠)은 어사공파·삼남 명덕(明德)은 공숙공파·사남 명보(明保)는 지평공파·오남 명윤(明尹)은 참의공파·육남 명의(明義)는 현감공파로 각파의 중조가 되었다. 우리는 그중 셋째 아드님 공숙공(恭肅公) 명덕(明德)님을 중시조로 하였으므로 나는 중시조의 21세가 된다.

중시조 공숙공 이명덕(李明德)공 (1373: 공민왕 22~1444: 세종 26)께서는 목은 이색의 문하에서 정몽주와 동문수학하시고, 1396년(태조 5) 식년문과에 형님 이명성과 함께 급제하여 예문춘추관·사헌부감찰·형조참의를 거쳐 세종이 즉위하자 이조참판·병조참판·대사헌을 역임 후 세종 12년 공조판서가 되시었다. 이듬해 병조판서·이조판서에 이어 판한성부사·판중추원사에 승진 궤장을 하사받았다. 우의정에 추증되시고 공주 명탄서원에 배향되었다. 시호는 공숙(恭肅)이시며, 세종실록과 국조 방목에 등재되었다.

조모님, 조부 이연수 님 영정

나의 조부 휘 이연수 님께서는 공주시 월송동 352번지에서 거주하셨으며 2남2녀를 두셨고 6·25동란 중 1951년 병환으로 별세하셨다.

My Family Root

We are from the GongJu province of South Korea. We are known as the 'GongJu Rhee' family. It is a place where many of our descendants have lived from generation to generation since the founding ancestor: Moon Mugong Rhee, settled there. At 18 yrs old, the founder had served as a general commander fighting with Park Hyukge's army during the Shilla Dynasty. After helping to conquer the Xiongno tribe, he served as Liaodongbaek. Liaodongbaek is the title given to those who made great contributions in the war. Moon Mugong Rhee settled and founded a town that he was called Gongsukgong which later became known as Gongju, and it is also called Gongsan.

I am the 61st male descendant from the Gongsukgong lineage of Myung-Deok Rhee (see genealogy). Myung-Deok Rhee was born during the time of King Taejo, the great King of Lee dynasty.

장자 이덕순 백부님께서는 공주고등학교를 졸업하시고, 농업협동조합(현 농협은행)에서 근무하셨으며 타 도시에서 직장을 다니셨다. 퇴직 후에는 조부님 곁에서 평생을 고향 공주 월송동에서 사셨다. 슬하에 진학(사망)·진산·진홍(사망)·진출 등 4남 2녀를 두셨고, 그 자녀들은 대부분 공주와 대전, 서울 등지에 살고 있다.

둘째이신 나의 아버님 이덕형(1921. 4. 10~1961. 7. 27)님은 공주에서 출생하셨다. 백부님이 직장 따라 타향에서 거주하셨으므로 차남인 아버님께서는 조부님 곁에서 사셨다. 6·25 한국전쟁 이후 할아버님, 할머님께서 작고하신 후에 서울로 이사하셨다. 생전에 대성연료주식회사를 운영하셨으나 40세의 젊은 나이에 병사하셔서 어머님 박기사 여사께서 여러 자손을 홀로 양육하시느라 많은 고생과 희생을 겪으셨다.

아버님은 약주를 좀 하셨으며, 친구들과의 친교를 많이 나누며 사셨던 것같다. 우리 형제에게 많은 사랑을 주신 인자한 분이셨다. 당시는 스포츠가 널리 퍼지질 않은 때이기에, 여가 시간에는 주로 집 바로 옆에 있는 금강에 나가서 투망을 이용해 물고기를 잡기도 했고, 땅을 깊이 판 구덩이를 만들어서 함정에 빠진 노루나 멧돼지를 잡기도 했다. 겨울에는 꿩 사냥도 많이 하셨는데 잡아오신 꿩고기는 그 맛이 참으로 좋았다. 꿩

부친 이덕형 님 영정(1961.)

모친 박기사 여사 영정(2006.)

고기는 담백하여 만두 속에 넣어 끓인 만둣국을 온 식구가 즐겁게 먹던 기억이 난다. 꿩 만둣국은 겨울철의 귀한 음식이었다.

나의 형제 자매로는 복단, 정자(사망), 기웅, 복희, 복기, 승주, 경자 등 1남 6녀를 두셨다.

장녀 복단 누님은 이종식(사망) 님과 결혼하여 영수를 비롯하여 4녀를 두셨고, 의정부 지방에 살고 있다. 차녀인 정자(사망) 누님은 정도근 님과 결혼하여 희섭, 봉섭 등과 2녀를 두셨으며 부천시 소사에서 살고 있다.

독자인 나 기웅은 신경애와 결혼하여 영선(Diane), 정석(Michael), 홍석(Matthew)을 두었다.

삼녀 복희는 유소일 님과 결혼하여 성기, 청기를 두었고 현재 Staten Island, NY에 거주하고 있다. 4녀 복기는 박용웅(사망) 님과 결혼하여 상우와 지민을 두었고 한국 제주도에 거주하고 있다. 5녀 승주는 이세남

님과 결혼하여 형도, 보라, 보경을 두었고 Staten Island, NY에 거주하고 있다. 6녀 경자는 임광선 님과 혼인해 린다(Linda), 승호(John), 수현(Theresa)를 두었고 로스앤젤레스에 살고 있다.

나의 아버님(1921. 4. 10~1961. 7. 27)께서는 앞에서 밝힌 바와 같이 신장병으로 젊으신 나이에 작고하셨다. 내가 고등학교 1학년 때 체육시간에 운동장에서 수업 중이었는데 담임선생님께서 운동장으로 나오셔서 체육 선생님과 몇 마디 주고받더니, 나에게 방금 아버님께서 작고하였다는 소식을 전해 주셨다. 아버님께서는 아마도 내가 중학교 2학년 때쯤부터 황달(Jaundice)을 앓기 시작하시더니 점점 몸이 쇠약해지셨고, 급기야는 누워서 치료를 받으실 정도로 악화하여 운동을 못 하시고 누워서 있다 보니 나중에는 종창(bed sore)으로 고생도 하셨고, 신장염을 앓으셨다.

청춘의 나이에 어린 7남매를 뒤에 두고 돌아가셨으니 지금도 마음이 저려온다. 나는 아버님의 마지막 가시는 길을 아들로서 지켜드리지 못한 불효자식이 되었다. 많은 한을 갖고 돌아가셨으니 지금도 불편한 마음을 금치 못하며 살아간다.

나의 어머님(1918. 1. 18~2006. 10. 8)은 88세 일기로 생을 마감하셨다. 우리가 Palisades Park에 이사 와서 살고 있을 때였지. 유명을 달리하신 어머님의 시신을 보는 순간 뒤통수를 망치로 한 대 얻어맞은 것같이 머리가 멍해졌다. 무슨 일을 어떻게 무엇부터 시작해야 할지 도대체 사리 분간이 되지 않은 경험을 했다. 가까스로 정신을 수습해서 잠시 기도와 묵상을 드리고 나서, 식구들과 상의해 장례식을 준비했고, 순조로이 장례를 마칠 수 있었다.

장지는 Moravian Cemetery(certificate # 016404, site #VASG 210, 2205 Richmond Road, Staten Island, NY 10306)에 모셨다. 할아버님의 산소는, 아버지가 태어난 집 주위가 공주시의 신설되는 고속도로 부지로 편입되는 바람에 부득이 이장해야 하는 형편이었는데 우리가 미국에 사는 관계로 화장으로 모셨다. 너희 엄마가 할아버님의 묘지에 있는 돌을 미국으로 가져와 할머님 묘역에 놓았으니 그리 알기 바란다.

My father died at the young age of 41 years old (4/10/1921–7/27/1961). He died from kidney failure during my first year of high school. I was in gym class on the playground. I remember my homeroom teacher came to the playground, exchanged a few words with the gym teacher and told me that he had just received a message that my father passed away. My father started suffering from jaundice when I was in the second year of middle school, and then gradually became sicker making him bedridden. My heart is full of sorrow to think that at such a young age, he left his family behind. I regret not having been at his side when he passed and not next to him on his last leg of his journey through life. My father's original gravesite was on the path of a new highway that was to be built in Gongju City, Korea; the original burial site and the house that he was born in were incorporated into the highway. We exhumed his remains and cremated the bones. We put a gravestone on behalf of my parents at my mother's site at the Moravian cemetery so that we may pay our respects to him as well, as we live in America.

My mother, KieSa Park (1/18/1918~10/08/2006) lived to be 88-years old. She passed away shortly after we moved to Palisades Park, NJ. Upon seeing her lifeless body, I was in a daze and I could not concentrate. There was a lot to do but I felt as though I was hit in the back of the head with a hammer. It was hard for me to discern what to do, how to do it, and where to start. However, I turned to prayer and meditation. With a clearer mind, I began to prepare for the funeral. She is buried at the Moravian Cemetery (certificate #016404, site #VASG 210, 2205) on Richmond Road, Staten Island.

Headstone of Grand Father & Grand Mother at Moravian Cemetery in Staten Island, N.Y., 2017

나의 어린 시절들

나는 중시조 공숙공 이명덕 할아버님의 20세손으로, 아버님의 고향 공주에서 출생하여 유년기를 보냈지. 물 맑고 공기 좋고 인심 좋은 곳, 공주시 월송동 사송정 공주이씨 집성촌이 우리 고향이다.

고향마을 언덕 위에 있는 명탄서원 충절사(충청남도 문화재 70호)는 원래 충남 연기군 평탄에 있던 사당인데 선조 18년(1585) 「충절사」라는 이름을 하사받고, 철종 2년(1851) 공주의 유생들이 현 위치(월송동)에 이전 건립한 것이다. 그후 1956년과 1985년에 묘정비와 강당 고직사 등을 증개축하였다.

사당인 충절사에는 고려가 멸망하고 조선이 건국되자 끝까지 벼슬에 나아가지 않고 절개를 지킨 두문동 72현의 한 선비인 이명성 선조님과 조선 초기 4대 왕을 모셨던 명신인 이명덕 중시조님의 위패가 모셔져 있다. 사당 뒤편 언덕에는 중시조님의 단묘와 묘비가 있어 연중으로 제사를 지낸다. 내가 태어난 집 언덕에 있으니 나의 자녀와 후손들은 고향을 방문할 기회가 혹시 있으면 꼭 참배하기를 바란다.

그리 높지 않은 언덕 조상 어른들의 묘가 즐비해 있는 아름다운 소나무 숲과 어울려 한국 금잔디로 수놓은 동산이 있어 넓은 공간에서 마음껏 뛰어놀 수 있었고, 6·25 한국전쟁의 참혹상을 겪으며 유년기를 보냈다. 국군이 퇴각하여 우리 식구들도 피난을 가야 했는데, 아버님께서 나를 무등 태우시고 금강의 물을 헤치고 건너(금강 다리가 공습으로 끊김) 할머님의 친정이 있는 곳으로 피난을 갔었다.

밤낮을 가리지 않고 포탄이 여기저기 터지는 소리를 잊을 수가 없다. 피난을 떠날 때쯤 할아버님께서 집사들을 시켜 떠나는 식구들을 위해 소를 도축해 잔치를 베풀며 환송해 주셨다. 그리고 우리가 떠난 이틀 후 공산군이 쳐들어와서 남은 고기를 다 가져갔다는 말을 들은 기억이 난다.

MyungTan SeoWon located Wolsong Dong, GongJu City, ChungNam Province

증 대광보국숭록대부의정부우의정
행판중추원사시공숙공주이공휘명덕지묘
배증 정경부인덕수장씨 부좌쌍분

Headstone of our Ancestor, GongSook Gong, MyungDuk Rhee, in KongJu city

공숙공 비문

공숙공 묘역과 충절사 전경 (공주시 월송동 239번지)

밤에는 백부님과 아버님 사촌 진학 형과 나 넷이서 간단한 이불을 갖고 산속에서 밤을 지새우고 아침 되어서야 집으로 오던 생각이 스쳐 간다. 아마도 이때 내 나이 6세쯤이었을 것이다. 공산군 빨치산들의 야밤 습격을 피해 가기 위에 밤을 뒷산 굴속에서 지내야 하는 고통스러운 시간을 보냈다. 산 너머에는 공산당을 지지하는 사람들이 좀 살고 있다는 말도 들은 기억이 난다.

MY CHILDHOOD

I am the 61st generation of Myung-duk Rhee(my Great grandfather). I was born in my father's hometown, and spent my childhood. With clean water, fresh air, and good hospitality, Gongju city, Sasong-jeong, Gongju Rhee's hometown is my hometown. In 1985, the addition and reconstruction of the "Myeongtan Seowon" was completed in honor of the ancestors of Lee Myung-sung and Myung-duk Rhee. It's over the hill where I was born, so if you have a chance to visit my hometown, I hope you have a chance to pay your respects.

There is a hill that is not very high, and there is a garden embroidered with Korean gold grass in a beautiful pine forest lined with tombs of ancestors and adults, so I was able to play freely in a large space. As the ROK forces retreated, my family members also had to evacuate, but my father put me on his shoulder and crossed the Geumgang River (the Geumgang Bridge was cut off by an air raid during Korean war) and went to the place where my grandmother's family was.

I can't forget the sound of shells popping here and there, day and night. When I left the evacuation, my grandfather ordered the deacons in the house to slaughter cattle and feast and farewell to them. At night, my uncle, my father, my cousin Jinhak and I were four people who stayed up all night in the mountains with a simple blanket and came home in the morning.It was also a so painful period of having to spend the night in a cave behind the mountain in order to avoid the night attack of the partisans of the communist army.

6·25전쟁 휴전 이후 교실이 부족해 오전 수업만 받았기에 집에 일찍 오면 너희 할아버님께서는 나를 데리고 바로 집 앞에 있는 금강에서 그물을 던져 물고기를 잡았다. 정말 재미있어 자주 다녔다. 밤에는 시냇가에서 참게와 민물고기를 횃불을 이용해 잡기도 했는데 이 역시 아주 재미있었다.

하루는 동네 청년들을 다 불러 놓고 약 이백 미터 정도의 굵은 긴 밧줄을 만들게 하시더니, 그 밧줄에 어린 수숫대를 달아 금강을 가로질러 놓았다. 그 다음날 새벽에 배를 타고 밧줄을 올려 수숫대에 매달려 있는 민물게(crab)를 잡았는데 엄청 많이 잡았지.

Michael, Myself, Matthew. 2017.

또 한 번은 비가 많이 와서 금강이 범람한 후 우리 집 앞에 논들이 물에 잠기었다. 할아버님은 홍수가 완화될 때, 멀리 논둑 사이에서 반짝이는 반사 광선이 있는 걸 보시더니 우리 집 집사에게 긴 톱을 준비시켜 빛이 반사되는 곳으로 가셔 톱을 이용해 큰 잉어(carp)를 여러 마리 잡은 것도 기억이 난다.

눈이 오는 춥고 기나긴 겨울엔 헛간에 새를 잡는 덫을 만들고 새들이 좋아하는 곡식을 뿌려 놓고 긴 줄을 매어 새들이 와 모이를 먹을 때 줄을 잡아당겨 새를 잡기도 했다.

After the end of the Korean War, I attended school for half the day; all the children had to take turns as there was not enough room in the school for all the kids to attend at once. On the days that I would come home early, my father took me to the Geumgang River which was right in front of the house to catch fish using a casting net. We especially enjoyed night fishing; we would catch crabs and freshwater fish using lanterns to light up the stream. One day, my father called all the kids in the neighborhood and had them make a long rope, about two hundred meters long, which my father put a long stake on one end and placed it across the Geumgang River. We caught a lot of crabs that way! After a long rainy day, the Geumgang River would flood and the rice fields in front of our house became submerged in water. My father would then use various household tools to catch large carp for us to eat. During the winter, I made bird traps in the barn, sprinkled grain for bait, tied long ropes to the traps and hid in my house. When the bird came close, I would pull the rope and trap caught birds by trapped them.

그 옛날에는 호랑이가 우리 동네에까지 종종 출현했다. 아버님께서 하루는 호랑이가 다니는 길목에 깊은 구덩이를 판 다음에 장대를 걸치고 풀과 흙으로 덮어 trap을 만들어 호랑이를 잡으신 적도 있다.

우리는 할아버님댁에서 100m쯤 떨어진 곳에서 살았다. 매일 아침이면 아버님은 나의 손을 잡고 할아버지께 아침 인사를 드리러 갔다. 할아버님 조반을 다 잡수실 때까지 우린 옆에 있었다. 이런 일은 부모님께 효도하는 풍습이었다.

할아버님께서는 아침식사를 마치시면 늘 집사를 시켜 장꽝(장독대의 충청도 방언)에서 홍시 또는 모과나 석류를 가져오게 하셔서는 손자인 나에게 주시곤 했다. 추운 겨울, 눈이 하얗게 덮인 장독대에서 가져온 홍시는 시원하면서 달아 내가 즐기던 맛이었다. 할아버님은 늘 아버님이 잡은 호랑이의 털방석에 앉아 계시길 좋아하신 것 같은 기억이 난다.

할아버님이 붓글씨를 쓰실 때는 그 옆에서 벼루에 먹을 갈아 드리는 일이 나의 임무였다. 먹물(black ink)을 가는 동안 할아버님은 나에게 가문의 선조들이 어떤 삶을 사셨는지 이야기를 들려주시곤 했었지. 돌이켜보면 붓글씨를 쓰시는 할아버님의 모습을 지켜보는 것도 하나의 예절 교육의 일환이었을 거라고 생각이 든다.

Back in those days, tigers often appeared in our hometown. One day, my father dug a deep pit along the path of a tiger. My father put down poles and covered it with grass and dirt in an attempt to trap a tiger. We were able to trap a few tigers and use their fur.

We lived about 100m from my grandfather's house. Every morning my dad took my hand and went to my grandfather's house to greet him. We stayed until he finished eating his breakfast. This was an old custom to pay respect. When the meal was over, my grandfather gave me a soft persimmon, quinces or pomegranate from Jang Quang (Chungcheong dialect of

Jangdokdae) as a sweet snack. He would always treat me with delicious fruits. The taste of hongsi (soft persimmon) brought from Jangdokdae, where the snow was covered in the cold winter, was so cool and sweet.

He enjoyed sitting on the tiger fur cushions that my father made for him as he was writing. When my grandfather was writing calligraphy using a brush, it was my job to sit next to him and make black ink using an inkstone next to him. During these writing and ink making sessions, my grandfather would tell me about our family's history and how our ancestors lived. I will always cherish the time spent watching my grandfather's practice of calligraphy.

Aerial View of GongJu City. Hometown. Arrow indicates a location of my house.

6·25전쟁이 끝나고 나는 공주에 있는 중동국민학교 4학년을 마치고 서울 남대문국민학교로 전학을 하였다. 교실이 부족해 오전반과 오후반으로 나뉘어서 공부했으니 충분한 교육을 받지 못한 셈이다.

전쟁 직후여서 폭탄을 맞은 건물들은 뼈대만 앙상하게 남아있었고, 특히 생필품이 부족해서 열악한 생활을 하였다. 사람이 살기 위해 꼭 필요한 의·식·주 모든 부분에서 부족했다. 식량이 부족하였고, 생산할 공장들이 공습으로 거의 폐허가 되어 의복도 턱없이 부족했고, 주택 또한 턱없이 부족했다. 공급 부족으로 물가가 날마다 상승하니 설상가상으로 생활이 더욱더 고달픈 생활을 하였다.

물과 전기는 시간을 정해 놓고 시간제로 공급이 되었다. 설상가상 그 시절 겨울의 추위는 참으로 혹독했는데 지금처럼 겨울이 온난한 기후가 아니었다. 내복이나 의복도 풍족하지 않은 상태에서 겨울 추위는 왜 그토록 매서웠는지, 많은 사람이 동상에 걸려 고생을 많이 하였다. 너무 혹독한 추위이다 보니 동절기에 많은 연합군 병사들도 동상의 피해를 보았다고 한다. 동족상잔의 6·25한국전쟁은 우리 민족에게 많은 고통과 교훈을 안겨 주었다.

그때 새벽마다 이불 속에서 미국의 소리(Voice of America)를 KBS 라디오에서 중계해 주는 걸 듣곤 했는데, 이것은 전쟁 후 한국의 현 상태를 알게 되는 좋은 수단 있었다.

국민학교의 교실에는 난로에 장작을 피워서 난방했었는데, 차가워진 점심 도시락을 난로 위에 올려놓아 데웠다. 맨 밑에 있는 도시락은 밥이 타서 누룽지로 먹었고, 3번째부터는 따뜻한 도시락을 먹을 수 있어서 학생들 끼리 치열한 눈치작전을 벌이곤 했다. 다른 학생이 먼저 난로 위에 도시락을 놓기를 기다리며 서로 서로 먼저 놓기를 바라며 눈치싸움을 하던 생각도 난다. 그때 김치를 반찬으로 가져온 학생의 도시락이 맨 아래에 있는 날에는 김치 냄새가 교실에 가득하여 창문을 다 열고 환기를 해야 했었다. 아마도 오늘을 사는 축복 받은 사람들은 이 이야기를 이해하지 못하리라고 생각도 든다.

After the end of the Korean War, I finished 4th grade at Gongju Primary School and transferred to Namdaemun Primary School in Seoul. After the devastation of war, everything was damaged. The buildings that remained were skeletons of their former structure. Due to the lack of space and classrooms, I had class in the morning and afternoon classes; I didn't get enough education.

Food was scarce. The factories were in near ruins by air raids during the war, so clothes were scarce. To make matters worse, prices for common items rose daily due to a shortage of supply. Life became more difficult. Water and electricity were supplied at fixed times throughout the day. To make matters worse, the winters were extremely cold and severe. It was so cold and the heat source was so scarce that many people suffered from frostbite. The cold war was so brutal that many Allied Soldiers even suffered from frostbite during the winter. Korean War in Korea brought many pains and lessons to our nation.

In the early morning, I remember listening to "Voice of America" broadcast on KBS Radio; I would listen to it under the blanket. It was a good way to learn of the current state of Korea after the war.

During elementary school, firewood was burned in a stove to heat the classroom; but the lunch boxes were placed on the stove to heat up and keep them warm. The lunch boxes on the bottom of the stacks would burn. Everybody would compete for the upper spots and wait for other students to put their lunch boxes on the stove first; no one wanted to eat a burnt lunch.

In the 6th grade, my homeroom teacher had given a lecture of "Eo–du–il–mi" in class. He would recount that whenever his evening meal was Dongtae (frozen pollack) stew, his wife would not eat the fish meat but only ate the fish head. She gave all of her fish meat to their children. He said that mothers only eat the fish head and give the meat of the body to the children; this sacrifice demonstrates the true love of a mother to her children. It was a very valuable lesson.

학창 시절과 그 사회 상황

국민학교를 졸업하고 사립 휘문중학교에 시험을 치르고 입학을 했다. 각 반의 학생 수가 60명으로 5개 학급이었던 것으로 기억한다. 휘문중학교는 서울시 종로구 원서동 즉 돈화문 바로 옆에 있었고, 흥선대원군의 사저인 운현궁이 건너편에 있었다.

1957년이었을 것이다. 러시아에서 우주인을 태운 우주선을 최초로 우주로 쏴 올린 사건이 일어나서 온 세계를 경악시켰다. 이것으로 미국과 소련의 우주 경쟁이 본격적으로 시작이 되었다. 중학교 면접시험 볼 때 소련의 최초 우주인 이름을 물어본 생각이 난다..

그러자 우주개발 분야에서 러시아에게 뒤처진 미국은 경악한 나머지 John F. Kennedy 대통령이 조만간에 달에 미 우주인을 보내겠다는 발표가 있었고, 그 후 몇 년 만에 미국에서도 첫 우주인을 달에 보내면서 그 현장을 생생하게 중계해 주어 전 세계 사람들이 눈을 의심할 정도로 과학과 기술이 고도로 발전했지. 바로 이것이 우주항공 기술을 급진적으로 발전시키는 계기가 되었다.

그때 중학교 선생님들이 과목마다 특성을 개성 있게 잘 가르쳐 주셨다는 생각이 든다.

1학년 영어 선생님이 우리 담임 선생님이셨는데 봄학기를 마치고 여름방학 동안 숙제가 봄학기에 배운 책의 전 단원들을 암기해 오는 숙제를 내주셨다. 가을 학기 첫 영어 시간부터 백지를 주면서 제1과에서 끝까지 암기하여 기술(writing)하라 하셨다. 영어 전과목을 암기하지 않고는 점수를 받지 못하게끔 엄격한 교육 덕분에 지금 미국 생활에서 많은 도움이 되었음에 선생님께 감사하며 살았다. 다른 학교에선 독해력과 문법 중심으로 하는 외국어 교육을 하고 있었는데, 휘문중학교에서는 문장 암기와 회화 중심으로 가르쳐서 실생활에 도움이 되게 한 것이었다.

음악 선생님은 음악 교과서를 지참하지 않은 학생에겐 다리의 사타구니를 비틀어 꼬집는 체형을, 체육 선생님은 양쪽 귀를 비틀어 위로 드는 체형을 주셨지. 오늘날의 관점으로는 참으로 규율이 엄한 스파르타식 교육을 받았던 것인데 그 당시에도 불만이 없지는 않았지만, 지금 생각은 엄한 규율 속에서 훌륭한 교육을 받았기에 오늘의 내가 존재한다고 생각이 든다.

MY SCHOOL DAYS AND SOCIAL STATUS

After graduating from primary school, I took the entrance exam to the private Whimoon Middle School. If I recall, there were five classes with 60 students in each class. It was right next to Donhwamun, that is now, Wonseo-dong, Jongno-gu, Seoul, Korea and Woonhyun-gung. The residence hall of Daewon-gun, was located across the street from the school. It must have been 1957. At that time, Russia sent the first spacecraft carrying astronauts into space, shocking the whole world and starting the space race between the US and the Soviet Union. The United States was shocked, and three years later, President John F. Kennedy announced that the Americans would soon send an astronaut to the moon. A few years later, the United States also sent the first astronaut to the moon and broadcasted it on TV for the world to see. Science and technology have advanced to such a degree that this space race undoubtedly was the impetus to exponentially advance aerospace technology.

My first-grade English teacher was also my homeroom teacher. Our homework assignment over summer vacation was to memorize all the units in the books we learned from during the spring semester. Although it was difficult, I looked upon the memorization exercise with gratitude as it helped prepare me tremendously for my future life in the United States; thanks to the hours spent learning how to memorize those books, I was able to memorize and function in my life in the US.

Discipline at school was punitive, tuff and physical. My music teacher would punish a student for forgetting a music book by twisting and pinching the skin in the groin region of the leg. The physical education teacher would twist both ears and lift the student up by their ear if they did not behave or listen. According to today's standards, I really had a Spartan education with strict discipline but I didn't have any complaints at that time. Although I hated it then, I think of that time and the reprimand received fondly and thankfully.

At that time, Whimoon School had a very good basketball, baseball, ice hockey, water polo, and soccer program. While playing basketball, I sustained an injury in the index finger of my right hand; the knuckle is still deformed to this day.

중학교 3학년 때다. 국립서울교통고등학교 3학년 재학 중이었던 고모님 아들 중회 형님이 집안 형편이 어려우니 휘문고등학교 진학을 포기하고, 국립서울교통고등학교로 진학할 것을 강력히 추천하였다.

그래서 그렇게 하기로 하고는 담임 선생님께 입학원서에 필요한 학교의 추천과 성적표를 준비해 달라고 했다. 그런데 담임 선생님께서 대학교 입학성적이 명문고등학교 순위의 척도가 된다면서 휘문중학교에서 상위권 안에 든 학생은 무조건 휘문고교로 진학해야지 타교로는 절대 보내 줄 수 없다고 거절하셨다.

중회 형님이 직접 우리 중학교에 찾아와서 교장 선생님과 면담하여, 고등학교 3년 동안 수업료 장학금을 준다면 휘문고등학교로 진학하겠다고 하니까 휘문고등학교 형편이 안 되었는지 필요한 입학원서 서류를 해주어서 서울교통고등학교에서 입학시험을 볼 수 있었다.

물은 흐르다 막히면 막힌 상태로 있다가 때가 되면 돌아가고, 깊은 곳에서는 서서히, 그리고 얕은 곳은 빠르게 흘러 바다로 내려가듯, 그 환경과 처지에 맞게 최선을 다하며 살아가는 게 인생이다. 국립교통고등학교로 진학하여 최선을 다하여 공부하리라 마음을 굳게 먹고 입학시험 준비를 하였다.

국립학교인 만큼 경쟁률이 매우 심한 학교였다. 나는 휘문학교를 떠나 새로운 환경과 다른 여건의 학교로 가는 게 그리 쉽지는 않았지만, 부모님에게 경제적 부담을 적게 드릴 수 있다면 한번 시도해 보고픈 생각을 한 것이었다. 물이 높은 곳에서 낮은 곳으로 흐르듯이 환경의 순리를 따라 사는 것도 삶의 이치 아니겠는가.

아버님과 어머님은 하나뿐인 외아들의 장래가 달린 진학 문제에 있어 환경이 좋은 학교를 등지고 가야만 하는 아들을 생각할 때 얼마나 마음이 아프셨을까? 힘껏 뒷바라지할 수 없는 부모님으로서는 매우 가슴 아파하셨다. 그게 오히려 내 마음이 편치 못하였다. 할 수 있으면 스스로 하는 데까지 최선을 다해 나의 목표를 달성하고 싶었다.

2018년 귀국 시 휘문중학교 동기회 회장단 모임에서

시험 결과는 합격이었다. 입학 후 첫 시간이었는데 담임선생님께서 나의 이름을 호명해 자리에서 일어나니, 너는 오늘 반장으로 임명하니 모든 연락과 교무에 협조하라는 명령을 하달하셔서 갑자기 반장이 되었다.

그때 입학시험 경쟁률이 27:1이었으며 알고 보니 내가 1등으로 합격되었음을 알게 되었어. 한때는 59:1의 경쟁의 뚫고 입학한 선배들도 있었다. 국비 장학금을 받을 수 있어 경제적 여력이 없는 학생들에겐 매우 좋은 면학의 기회 인고로 전국의 수재들이 모인 국립교통고등학교였다.

When I was in junior high school, my older cousin, Jung Hoe, was in senior at Seoul National Transportation High School. He strongly recommended that instead of going onto Whimoon High School, that I should attend the Seoul National Transportation High School and apply for a scholarship. Once I decided to do so, I started the application process and asked for the school for a recommendation and my transcripts. My homeroom teacher had told me that he would advise me to go to Whimoon High School instead. He felt it was a better fit for me and he refused to send the requested documents to the other school.

Upon hearing this, my cousin Jung Hoe came to the middle school and had a meeting with the principal. He told the principal that if I was granted a scholarship for the 3 years of high school at Whimoon, then I would stay. Since he was not able to grant that, the principal had to allow me to take the entrance exam and complete my application to the other high school. There is a saying "When water flows and is blocked, it remains blocked. As time passes, water flow returns, trickles slowly in the depths, and flows in the shallows to later descend into the sea." I decided to go to the Seoul National Transportation High School and did my best to study and prepare for the exam. It wasn't easy to leave the grammar school I attended and go to a new school but I was determined to do so.

Not only did I pass the entrance exam, I came in first in my class. My homeroom teacher called my name and gave me the result. My future school was one where bright talent from all over the country gathered as a very good opportunity to study; students who did not have the financial resources were able to attend because they received government scholarships.

서울교통고등학교는 국립학교로 학년당 4학급이었는데 한 학급 60명 중 20명은 국비장학생으로 3년간 수업료가 면제되었으며 교과서는 물론 교모와 신발 교복까지 다 국비로 배급되었다. 매달 7,600환 정도의 장학금도 받았다. 지금의 약 $200~300정도의 금액이었다. 장학금을 받는 날은 내가 장학생 20명의 개인 도장을 수령해서 담임 최덕린 선생님과 함께 학교 회계과에 가서 장학금을 큰 자루에 받아 등에 지고 오곤 했다. 교실에서 각 장학생들에게 현금을 세어서 나누어 주었는데 이 일에는 많은 시간이 필요했다. 그 시절은 모든 게 현금으로만 결제되던 때였다.

장학생들은 졸업과 동시에 국가 기관에 취직이 보장되었는데 대신 입학할 때 국가공무원으로 3년간 봉사하겠다는 서약서를 제출하였다. 전국 각처에서 유능한 인재들이 모인 학교이기에, 학생들은 주말이 되면 각자 자기 고향으로 돌아가기에 바빴다. 우리 학교 학생들에게는 한국에서는 어디든 특급철도를 무임승차가 가능해서 열차비 걱정 없이 자기 집으로 가는 것이 학생들의 낙이었다.

2학년에 올라가자 학생회 회장과 부회장을 선거가 있었다. 우리 반에서 나를 적극적으로 추천해서 출마하여 부회장에 당선이 되었다. 학생회를 몇 개월 운영할 즈음, 회장의 개인 사정으로 인해 학생회의 운영 전반을 부회장인 나에게 맡겨, 조직체의 대표가 해야 할 전반적인 일들을 경험할 수 있어 사회생활의 기초를 닦는 좋은 기회가 되었다.

고등학교 2학년 말쯤 휘문고등학교로 진학한 친구들을 만났는데 여러 이야기를 주고 받는 중에 매우 놀라는 사실을 알게 되었다. 이 친구들은 벌써 진학할 대학과 방향이 이미 결정되었고, 대학 입학시험 준비가 거의 다 되어있었다.

많은 자극을 받은 나도 비로소 대학입시 준비를 시작하였다. 내가 그동안 친구들과 주말마다 전국 방방곡곡 동창들과 여행하는 동안 그 친구들은 대학입학 준비를 하였으니 나는 늦어도 많이 늦은 출발이었다. 문제는 우리 학교에서는 대학입시를 위한 수업을 받지 못하는 데 있었다. 그래서 나는 사설학원에서 보충 수업을 더 많이 받아야만 했다.

Seoul National Transportation High School was a national school and had 4 classes per year. At that time, 20 out of 60 students in each class were state-funded scholarship students; they were exempt from tuition fees for 3 years. The scholarship students were provided with school textbooks, shoes, and school uniforms all distributed at the government expense and we even received a stipend of $75 per month. This would be the equivalent of about $300~400 today. On the day of distribution of the scholarship monies, I was in charge of collecting the personal stamps of each of the 20 scholarship recipients to collect the money and its distribution. I went with my homeroom teacher, and we collected the scholarship funds in a large bag from the school accounting department. We returned to the classroom to count and distribute the cash to each scholarship student. Upon graduation, the scholarship students were supposed to be guaranteed a job at a government, but I remember submitting a pledge that we would serve as national officials for three years upon admission instead.

The school was a national school where talented people from all over the country gathered, so each weekend, we were all busy going back to our homes and hometowns. We were able to ride the limited express railroad free of charge in Korea; so, it was easy to go back home when possible. At the end of my second year of high school, I was pleasantly surprised to meet alumni of the Whimoon Junior High School. We exchanged various stories reminiscing about our past school life. These friends already chose the college that they would attend and the direction their future would take. They were prepared and they were almost ready for the entrance exam. On the weekends, while I was traveling with my other alumni friends all over the country, my Whimoon high school friends were preparing for the college entrance exam. The problem was, I had not yet taken the extra tutoring classes so I was not ready for the college exam so I decided to enroll in the tutoring classes after school.

청년기 회고

대학 입학시험이 내일로 다가오자 나는 가슴이 두근거려 도저히 잠을 이룰 수 없었다.

그 밤을 꼬박 새우고 의과대학에 가서 시험을 보는 도중인데 졸음이 쏟아져 제대로 시험을 칠 수 없었다. 결국 낙방하고 말았지. 그래서 일 년 동안 재수를 했는데도 좋은 결과를 얻지 못했다.

한 동창생의 권유로 방향을 바꿔 의료기술대학(Allied Health Sciences)에 응시를 했는데 1등으로 입학하였다. 대학생이 되고 또 다시 반대표가 되어 심부름하기에 바삐 지냈다.

대학 졸업식에서 졸업생 대표(Valedictorian)로 졸업사를 했는데, 졸업식이 끝난 후 학과장님께서 나를 찾아오셔서 며칠 내로 학과장실로 오라는 전갈을 주셨다. 찾아뵈오니 학과의 조교로 근무해 달라고 하셔서 대학에서 교직 생활을 시작하였다. 대학 교직에 있으려면 기초학문을 더 배워야 하겠기에 고려대학교의 응용물리학과에 편입해 졸업하였고, 기왕 하는 김에 대학원에 입학하기로 결심하여 서울대학교 보건대학원 입학시험을 보았다.

다행히 대학원에서도 영광스럽게도 1등으로 합격하였다. 대학원에서는 역학(Epidemiology)를 전공으로, 보건행정학 분야를 열심으로 공부했다. 이유는 앞으로 연구를 하다 보면 연구 과정과 그 방법을 더 깊이 배우고 싶었고, 또한 모든 분야는 행정이 제대로 이루어져야 조직체로 잘 운영할 수 있으리라는 생각이었다.

대학원 등록금은 조교 월급이 너무나 적어서 학과 교수실에서 장학금을 주셔서 공부를 계속할 수 있었다. 이 모든 일이 하나님의 은혜가 아니고서는 가능하지 않았으리라는 생각이다. 그리고 그 당시 나를 물심양면으로 도와주신 학과장님 서광륜 박사님(Kwang Yoon Seo, MD, Ph.D.)과 오정희 박사님께(Chung Hie OH, MD, Ph.D.) 재삼 감사를 드린다.

REMEMBRANCE OF MY ADOLESCENCE

I had failed the medical college entrance examination; I had a hard time studying at night because of the sensation of my heart racing. After another year of studying, I did not see any improvement. I decided to change course and redirect my future. With the help of an alumni, I took the exam for the Allied Health Sciences School. I passed the exam in first place for this college. I remember being busy doing errands as a class representative again.

I graduated as the Valedictorian of my college. After the

graduation ceremony, the head of the department visited me and asked me to come meet with him. When I went to meet with him, he offered me a job to work as a teaching assistant in his department; this was the beginning of my teaching career in college. To reach my goal of becoming a college professor, I had to learn more about the basic sciences, so I had enrolled to the Department of Applied Physics at Korea University. In the meantime, I decided to pursue my aspirations of graduate school and I took the entrance exam for the Graduate School of Health at Seoul National University.

My entrance exam for this graduate school was also honored with an excellent result and I passed it in first place. In graduate school, I studied epidemiology as a major and health administration as a minor.

나의 대학원 졸업식과 아내의 약학대학 졸업식이 하필이면 같은 날이었는데, 다행히 아내 졸업식 시간이 3시간 전에 있어, 고민 중에 지인이 자기의 자가용을 그날 사용하도록 배려해 주어서 그 차를 타고 아내 졸업식에 참석하고, 끝나자마자 서울대학교 졸업식에 참여할 수가 있었다. 대통령이 참석하여 축하해 주기 때문에 아마도 서울대학교 졸업식이 좀 늦게 시작되었던 게 아닌가 생각된다.

대학원 등록금은 조교 월급이 너무나 적어서 학과 교수실에서 장학금을 주셔서 다닐 수 있었다. 이 모든 일에는 하나님의 은혜가 있었기에 항상 감사하는 마음으로 살아왔다.

My graduation ceremony from Seoul National University and the ceremony for my future wife's graduation from pharmacy college were on the same day. Fortunately, her graduation ceremony was held 3 hours earlier than mine, so I was able to attend her graduation ceremony and then take part in mine at the Seoul National University. I think the Seoul National University graduation ceremony probably started a little late because the President of Korea also attended the commencement ceremony for the Pharmacy college as well.

When I became a teaching assistant, my salary in addition to the scholarship received was able to cover my tuition for graduate school, so I was able to attend the Graduate School of Health, at Seoul National University. I would like to thank Dr. KwangYoon Seo, MD, Ph.D., and Chung Hie OH, MD, Ph.D., who were the heads of the department at that time. They were a tremendous help to me.

대학 전임교수로 사회생활

서울대학교 보건대학원을 졸업하여 석사학위를 1971년 2월에 받았는데, 그때가 조교생활 4년째 되는 해였다. 학과장 오정희 박사님의 호출이 있어 찾아뵈니 대학 전임강사로 추천하려 하니 필요한 서류를 준비하라고 하셨다. 준비하여 제출하고 나서 약 2주 정도 후에 대학 전임교수 심사위원회에서 통과됐다는 좋은 소식을 받았다. 교무과에 들러서 문교부에 서류를 준비하여 제출하니 약 2개월 후에 문교부 장관의 대학교원 임용허가서도 받아서 드디어 고려대학교 전임강사로 임명되었다.

조교 시절에는 월 5,500원정도 급여를 받았는데 생활비가 턱없이 부족했다. 전임강사가 되니 월급이 75,000여 원이 되어서 살림살이에 많은 도움이 되었다. 그 당시 쌀 한 가마니에 1만여 원 미만으로 기억한다. 생활하는 데 그리 넉넉지는 않았지만 전임강사가 되고나서 생활이 훨씬 윤택해졌다.

한국의 일류 기업에 다니는 친구들의 과장 급여가 약 50,000원 정도여서 그 친구들이 나를 부러워해서, 항상 식대는 내 몫이었다.

나는 그 날 강의내용을 파악하여, 더 깊이 연구하는 등 철저하게 준비하는 것으로 하루를 시작하였다. 그 당시 학과장은 의과대학 겸임교수였고, 전임강사 한 분이 전임 교수였으며 나머지는 시간 강사들이 전 교과과정을 맡아 교육시키다 보니 결강하는 경우가 종종 있었는데, 결강이 되면 조교인 내가 그 보강으로 대체해 강의해야 하니 전공과목 전반을 머릿속에 암기하고 있어야만 했다. 그래서 그 덕분에 공부를 더 열심히 했다.

결강이 언제 생길지 모르니 나는 항상 전공과목 전체를 담당해야 했으므로 공부를 안하고는 버텨내지 못하는 자리다. 그래서 전공과목 전체를 다 머릿속에 암기하고 다녀야 했다. 바로 그 점이 나중에 전임강사로 임직해 내 강좌를 할 때는 머릿속에 암기되어 있어서, 강의 제목만 칠판에 적어 놓고 원고 없이 강의하였더니 학생들이 모두 좋아하는 명 강의 교수란 소리를 듣곤 했다.

그때 한국의 대학교수 직제는 정교수(professor), 부교수(associate professor), 조교수(assistant professor) 그리고 전임강사(full time instructor)까지 있었고 시간강사(part time instructor)는 전임교수가 아니었다. 전임강사는 이 제도가 있음으로 대학의 재정 형편에 맞게 경제적으로 학교 운영의 묘를 살릴 수 있었기에 대부분 대학에서 이 직제를 두었다. 그래서 시간강사는 문교부장관 인증허가서 없이 학과에서 선정해 강좌를 배당했다. 모든 대학이 전임교수는 적게, 시간강사는 많이 채용해서 학교를 운영하였다.

각 강좌 시험을 치르면 많은 교수가 채점까지 나에게 부탁하니 채점을 하다 보면 공부가 저절로 되는 과목도 있었다. 그 덕에 전공과목들을 쉽게 섭렵할 수 있지 않았나 생각한다.

START MY CAREER AS A FULL-TIME COLLEGE PROFESSOR

Graduate School of Public Health at Seoul National University in February 1971, I started my fourth year as a teaching assistant. I was called in by the head of the department for a meeting. She told me that she was going to recommend me for a promotion to full–time instructor at the Korea University. I prepared the necessary documents and submitted it. About two months later, I was called by the Academic Affairs Department and prepared the application documents to be submitted to the Ministry of Education of Korea. Thankfully, I was appointed as a full–time instructor at Korea University after receiving a letter of permission for the appointment from the Minister of Education, Korea.

When I was a teaching assistant, I was paid about 5,500 won per month; this was not enough to afford the cost of living. But when I became a full–time instructor, my salary increased to 75,000 won, which helped with the cost of living. At that time, I remember a bag of rice cost about 10,000 won. My raise wasn't enough to live frivolously, but my life was much better. My friends had told me that at a top Korean company, the manager's salary was about 50,000 won, so whenever I met

고려대학교 교수 연구실 (My Office, Full-Time Instructor, Korea University) 1971.

them, I had to treat them to snacks.

In my new role, every day I began my day reviewing the contents of the course, studying in depth, and preparing the lecture. When I was a full-time instructor, the head of the department was an adjunct professor at the medical school. Our department had only one full-time instructor, and the rest of the classes were often taught by part-time instructors. If they were absent, I, as a teaching assistant, had to replace the teacher and provide the lecture. Because I had to do it, I had to memorize the different subjects in my head, so I studied a lot. I had to prepare to be ready to step in and teach at any time to replace the absent teacher class unexpectedly. As a result, I memorized all of my major subjects. Later, as a full-time instructor, I always had my lectures memorized in my head. At the beginning of the lecture, I wrote only the title of the lecture on the board and gave the lecture off the top of my head. I had heard that I was a professor all students liked.

점심시간은 정오부터 1시간이 주어졌는데, 적은 봉급으로 나는 이 시간을 참 재미있게 보냈다. 10시경에 점심을 같이 먹을 조교들을 규합해서 미리 한 명이 정문에 나가서 택시를 잡고, 나머지는 12시에 출발하여 식당까지 가서 점심을 먹고는 오후 1시 전까지 학교로 되돌아왔다. 그때 서울의 버드나무 집의 닭곰탕, 오장동 함흥냉면, 삼계탕, 게장 백반, 설렁탕, 소머리국밥, 우족탕, 족발, 소꼬리 곰탕, 명동 칼국수 등을 먹기 위해 1시간의 작전이 이루어졌다.

대학원의 강의는 저녁에만 있으니 교수실의 급사가 준비해 주는, 지금 미국에서 유행하며 많은 사람에게 인기 있는 삼양라면이 그 당시 시판되기 시작하여 거의 매일 간식으로 먹었다.

공중보건학, 보건행정학, 기생충학, 공중위생학, 보건통계학, 역학, 생리학, 보건 법규 등이었다. 나는 역학(Epidemiology)을 전공했는데 한국의 보건역학 분야의 최고 거장이었던 김정순 박사가 지도교수로, Johns Hopkins University에서 공중보건학 박사학위(Ph.D. of Public Health)를 받으셨다.

4년 동안의 조교 생활이 비록 고생스러웠지만 계속된 훈련과 단련 덕분에 그 후의 전임교수 생활의 반석이 되었으니 참 감사하게 생각한다.

My favorite part of the day was my one-hour lunch period which I enjoyed tremendously despite my small salary. Around

10 o'clock am, one of the assistants would leave for lunch. He was selected to go catch a taxi, then depart at 12 o'clock, go to the restaurant, eat lunch, and be back at school before 1 o'clock to manage the afternoon class. One hour was the maximum amount of time we were allotted to eat: chicken gomtang in Seoul's Willow house, hamheung naengmyeon in Ojang-dong, samgyetang, crab baekban, seolleongtang, beef head soup, beef broth, pig feet, cow tail stew, and Myeongdong hand cut noodles were some of my favorites. Such great food! Since graduate school lectures were only available in the evening, Samyang Ramen, which is now popular in the United States, was started and prepared by a helper in the professor's office. It began to be marketed in Korea at that time, and I would eat this as a snack almost every day.

We were teaching public health, health administration, parasitology, health hygiene, health statistics, epidemiology, physiology, and health laws. I majored in epidemiology, and Dr. Jeong-soon Kim, the greatest master in the field of epidemiology in Korea, worked as my thesis advisor. She received her doctorate in Public Health from Johns Hopkins University. I was very grateful for my experiences during the four years as a teaching assistant. Those were 4 challenging but rewarding years as it served as the foundation for my life as a full-time professor.

결혼을 하다

아버님이 일찍 작고하셔서 여건이 허락하면 결혼해야 하는데 조교 월급으로는 도저히 집안 살림을 꾸려 나갈 수 없었다. 그래서 차일피일 미루어 왔는데 양가 부모님의 권고도 있고, 고려대학교 전임강사로 발령을 받아서 다소 경제적으로 여유가 생겼다. 대한민국 주 유엔 초대대사를 역임하신 임병직 박사님을 주례로 결혼식을 올렸다.

고려대학교 여러 교수님과 친지 및 제자들이 참석해서 축하해 주셨다. 결혼식 날 딸을 보내는 섭섭함을 이기지 못해 장인께서 눈물을 흘리시어서 색안경을 쓰고 결혼식에 참석한 에피소드도 있다.

1971년 10월 16일 결혼

결혼식이 끝나고 나면 신부와 신랑은 시집 식구들에게 드리는 폐백예식이 연이어 있다. 이 자리에는 오로지 신랑댁 식구들만 참가하는 예식이어서 신부와 처가댁에는 미안한 일이다. 예나 지금이나 한국의 전통풍습도 시대에 맞게 변화되어야 한다는 생각이다.

신혼 여행지는 그 당시 유행으로 동래 온천장으로 갔었는데 호텔 방값이 비싸다고 좀 싼 호텔로 옮기자고 하던 아내의 모습이 지금도 머릿속에 선하다.

해운대 바닷가에서 꼼장어회를 시켰는데 요리하는 과정을 보게 되어

1971년 10월 16일 결혼 (Wedding ceremony) 10. 16. 1971, Seoul, Korea

도저히 먹지 못하고 돌아온 일도 생각이 난다. 또한 청주에 사시는 이모님께서는 친조카의 결혼이라고, 집에서 키운 돼지를 잡아 무거운 돼지고기를 직접 가져오셔서 하객들을 대접하셨다. 지금 이 순간도 이모님의 배려 깊으신 사려에 깊이 감사드린다.

MARRIAGE

Since my father died early, I was only going to marry if my social and economic conditions allowed. I knew that it would be difficult and I couldn't afford a great living to support the family and house on my teaching assistant's salary. Luckly, as a full–time professor, my situation improved and I was in a situation where I could get married. The wedding ceremony was officiated by Dr. Lim, Byung–jik, who served as the first ambassador to the United Nations for the Republic of Korea.

Several professors of Korea University, friends and students attended the wedding and celebrated with us. I recall my future father–in–law wearing sunglasses on the wedding day to hide his tears from sadness in sending his daughter off on the wedding day. After the wedding ceremony, as the bride and groom, we continued the celebration and changed into Korean Hanbok to have the traditional Paebaek Ceremony for the groom's family. This is a ceremony where only the family members of the groom participate, so I felt sorry for my new bride and her family because they would not be able to attend.

평화통일자문회의 봉사

한국평화통일자문회의 자문위원으로 봉직할 때 회의가 서울에서 개최되었는데 마침 금강산 관광할 기회가 있기에 아내와 같이 서울에 왔다. 아내는 북한의 금강산 여행을 자신의 아버지와 어머니 사진과 같이 하였다. 아내가 북한의 금강산에서 두 분의 영정사진을 들고 왔기에 촬영하였다. 장인께서 그토록 그리워하시던 고향의 선친과 형제들을 뵙지 못하시고 작고하셨다. 딸인 아내가 안타까운 마음에 영정사진으로라도 그리운 고향을 두루 보시라는 애절한 아내의 마음에 감탄하였다. 그 생각이 떠올라 이것도 우리 후손들에게 아내의 애절한 마음을 전하고 싶다.

금강산에서는 생 더덕을 팔고 있었는데 그 향기가 매우 좋아 지금도

금강산 해금강 호텔 앞에서 (10. 6. 2004.)

종종 생각이 난다. 여행 중에 구룡폭포를 구경한 기억이 생생하다.

외숙모님의 양친께서 뉴욕 퀸즈(Queens)에서 사셨기에 손자와 같이 미국을 방문하셨을 때는 우리가 Fort Lee로 이사 와 살고 있을 때다. 외숙모님이 바닷가재 요리를 즐겨 잡수셨다.

우리가 스태튼 아일랜드에 살 때 아마도 상가 건축이 완성되었을 쯤에는 외삼촌 부부가 마침 미국을 방문하셔서 뉴욕에서 출항하는 Princess Cruise Line으로 캐나다 St. Johns와 Halifax로 같이 한 cruising 여행도 매우 좋은 기억으로 남는다. 특히 Halifax의 평화롭고, 고요한 가을 단풍의 아름다움은 지금도 기억에 깊이 새겨져 있다. 외삼촌과 외숙모님은 아마도 처음으로 유람선을 타고 여행하신 것 같으며, 맛있는 서양음식으로 더욱 즐거운 여행길이 되셨을 것 같다. 또한 셋째 명균 이모님도 남편과 같이 뉴욕을 방문해, 소현네 식구와 같이 나이아가라 폭포와 뉴욕주를 여행한 기억도 생생하다.

DRMOCRATIC PEACEFUL UNIFICATION COUNCIL

As a member of the Korea National Unification Advisory Council, I attended a meeting held in Seoul. I had an opportunity to tour Mt. Geumgang (a mountain region located at the DMZ border in North Korea). My wife brought a picture of her parents with her on our tour of the area and we travelled as close to Mt. Geumgang in North Korea as we could so that she could "bring them home". This was a memorable trip.

전임교수 시절

응용물리학을 공부한 덕에 물리학과 응용역학과 연계된 분야를 맡아 내 강좌를 주로 했다. 물리치료학개론(Introduction of Physical Therapy), 전기치료학(Electrotherapy), 인체역학(Clinical Kinesiology), 근육검사학(Manual muscle tests), 광선치료학(Phototherapy), 의수 의지학(Brace & prosthetics) 등등 강의를 맡아 했다.

전임교수로 임직하고부터 해외 간행물과 전문 서적들을 대할 기회가 많았다. 전 교과서가 영문 서적뿐이어서 한글 교재가 매우 필요했기에 한국어 교과서를 집필하기 시작했다.

내 강좌인 〈전기치료학〉과 〈광선 치료학〉을 탈고할 즈음에 대학에서 교직 생활을 계속하려면 더 공부해야겠다는 생각이 들어 미국의 대학 몇 곳에 연구원 신청서를 제출하고 기다리고 있었는데 필라델피아의 템플대학교(Temple University)의 모스재활연구센터(Moss Rehabilitation Research Center)로부터 연구원으로 와 달라는 소식을 접하게 되었다.

전임교수로 근무한 지 1년이 넘으니 늘 좀더 공부를 해야겠다는 생각이 내 머리를 떠나지 않고 있었는데 마침 서울 시청 옆에 미국 공보실 도서관이 있어 많은 미국 여러 대학의 연구소 안내와 입학 안내 책자를 들여다볼 기회가 생겼다. 그러면서 젊은 시절 고생이 되더라도 유학이나 연구기관에서 연구와 공부를 더해 볼 계획을 세우게 된 것이었다.

나는 가급적이면 대학에서 공부를 더하고 싶었는데 경제적 여건이 되지 못해 우선 연구원으로 가서 생계를 이어가며 기회를 봐서 공부를 더 하기로 결정하였다.

마무리한 모든 원고를 학과 조교에게 넘기고 나는 미국으로 오게 되었다. 그 당시의 조교께서는 나의 뒤를 이어 정교수로 봉직하다가 정년으로 퇴직하였으며 내 제자들이 뒤를 이어오고 있다는 소식을 들었다. 돌아가신 할머님 증손자인 박찬의(M.D., Rehabilitation Medicine Specialist)도 내 제자였는데 의대로 진학하여 재활의학을 전공하였다. 정석, 홍석의 형이 되는데 Philippine에서 의료 선교사로 오랜 기간 봉사하다가 귀국해 인제의과대학에서 교수로, 의료인으로 봉직하며 한국 울산에 살고 있다. 또한 한국에서 '디모데 선교회' 회장으로 외국 선교 활동으로 많이 수고하고 있다.

PROFESSORSHIP IN KOREA UNIVERSITY

I was in the field of physics and applied mechanics. I taught the Introduction of Physical Therapy, Electrotherapy, Clinical Kinesiology, Manual muscle tests, Phototherapy, Brace & prosthetics, to my students. As a full-time professor, I spent a lot of time studying foreign publications and specialized textbooks. All textbooks were in English. So, I started writing textbooks in Korean when I needed textbooks for the students.

After the completion of writing textbooks of "Electrotherapy" and "Phototherapy", I thought that it would be beneficial for me to study more so I submitted a research application to several US universities. I was invited by Temple University in Philadelphia, Moss Rehabilitation Research Center for a research position. Although I have been working as a full-time professor, I felt that I needed to expand my studies. After I finished the manuscripts for classes and they were handed over to the department teaching assistant, I came to the United States. This manuscript eventually was published as a textbook in 1974 for college students. While in the United States, "Clinical Kinesiology" has also been published in collaboration with other professors, and has been used as a textbook at various universities.

My teaching assistant at that time later became a full professor. It was great news to hear of my students succeeding. Dr. Park Chan-Eui(Rehabilitation Medicine Specialist), is the great-grandson of my mother; he was also one of my students. He went to medical school and specialized in rehabilitation medicine. He became like an older brother to my sons Michael and Matthew. He served as a medical missionary in the Philippines for a long time. He later returned to and lived in Ulsan, Korea. He became a medical professional along with teaching as a professor at InJe Medical University. He was also the president of the "Timothy Mission" in Korea. He has continued to work hard for foreign missionary activities.

2장

미국에서 뿌리를 내리기까지

미국에서의 생활

1970년부터 사단법인 대한물리치료협회의 회장직을 맡게 되었다. 그때 세계물리치료연맹(The World Confederation of Physical Therapy)에 가입하기로 협회의 결정이 나서, 손수 가입신청서를 작성하고 송부한 직후 나는 미국행 비행기에 몸을 맡겼는데 그날이 1972년 5월 1일이었다.

밤새도록 태평양을 날아서 5월 2일 새벽에 Seattle에 도착하였고, Chicago를 경유하여 뉴욕에 도착했다. 뉴욕의 JFK공항에는 친척인 노인기 형님께서 마중 나와 Brooklyn Belt Parkway를 거쳐 맨해튼의 타임스퀘어에 들러서 오렌지주스와 코카콜라를 사주셔서 먹었다. 그때 오렌지주스의 맛이 매우 좋아 지금도 기억이 생생하다.

그리고 도착한 곳은 뉴저지 저지시티의 노인기 형님 집 옆 아파트였는데 형님께서 rent를 해놓아 순조롭게 미국 생활을 시작한 셈이다. 형님의 고마움을 나는 지금도 잊지 않고 있다.

미국에 도착하고 3일 후에 Temple University 모스재활연구센터(Moss Rehabilitation Research Center)를 방문해 소장과 면담을 하였다. 그런데 그때가 5월이기에 대학연구 기관의 예산 특성상 다음 학기가 시작되는 9월부터 근무하길 원하여서 4개월의 공백이 생겨 우리 부부의 마음과 생각을 흔들어 놓았다.

병원 근처를 거닐며 주위 환경을 관찰하며 점심은 핫도그와 햄버거로

때웠는데 즉석에서 요리해 주는 음식맛이 아주 좋았다. 그러나 음식 맛과는 대조적으로 주위는 살기가 느껴지는 험악한 분위기였다. 엄마에게 이런 곳에서 살 수 있을까 물어보니 머리를 흔들어 속마음을 표했다.

뉴욕으로 돌아와 곰곰 생각하니 수중에 있는 돈으로는 도저히 다음 학기까지 4~5개월을 지탱하기 어렵겠다는 생각이 나를 몹시 괴롭혔다. Sunday NY Times의 광고를 보는데 마침 뉴욕시 V.A. Medical Center에서 구인광고가 있었다. 그곳에 연락하여 인터뷰를 마쳤는데 약 3주 후에 Washington D.C.의 인사처(US Office of Personnel)에서 임용 수속이 완료가 되었다는 연락이 왔다. 곧 근무를 시작하게 되었는데 4개월 정도의 임시 직장을 찾다가 여건이 매우 좋은 연방정부의 직장을 구하게 된 것이다.

이런 일이 전화위복이 되어 행운이었다. 바로 가까운 거리에 뉴욕대학교와 콜롬비아대학교가 있으니 계속해서 공부할 수 있는 절호의 기회까지 만나게 된 거야. 2~3년 정도면 공부를 끝낼 수 있으리라 생각하고 다시 한국의 대학에 돌아가 교직생활 계속할 예정으로 있었으니, 연구직보다는 기초학문을 더 배울 수 있겠다는 생각에 희망과 기대 속에 뉴욕에서 직장생활하며 공부 더하기로 결정하였다.

V.A. Medical Center에서 1972년 7월 17일부터 근무를 시작하였고, 근무하면서 새롭고 편리한 치료 방법을 찾게 되었는데 그럴 때 새로운 아이디어가 생겨나곤 했다. 예를 들어, 응급시 cervical brace가 없을 때 towel을 길게 말아 여자들의 nylon stocking에 집어넣어 목 주위를 감아주면 응급으로 사용 가능한 cervical brace를 고안할 수 있었다. 관절의 range of motion 측정할 때는 타인의 도움이 필요한 경우가 종종 있는데 shoulder wheel exerciser를 활용해서 wheel의 중심축

(axis)에 각도기를 부착하면 혼자 쉽게 견관절(shoulder joint), 고관절(hip joint), 슬관절(knee joint) 등을 측정하는 검사기 등 몇 가지를 고안해 병원장을 통해 워싱턴 상부에 보고가 되어서 상금을 받은 일도 있었다. Shoulder wheel를 활용한 Functional Goniometer는 생산업자가 상용화를 시도하였다.

NEW LIFE BEGUN IN NEW YORK

On May 1, 1972 I left Seoul, Korea. I flew all night over the Pacific Ocean, arriving in Seattle at dawn on May 2nd, transferred to Chicago and then finally arrived in New York. At JFK Airport, a distant relative, Mr. Roh, In-Kee picked us up and we drove through the Brooklyn Belt Parkway to Times Square in Manhattan. He bought orange juice and Coca Cola for us. We stayed in an apartment next to his house in Jersey City, New Jersey. He rented this for us and we started our life in America. I have always remembered my gratitude to him for the help.

Three days after arriving in the US, I visited Temple University's Moss Rehabilitation Research Center where I met with the director. He told me that the salaried position was not available for a few months after my arrival and that I would not be able to start work until the next semester. At this point we were faced with a financial dilemma. I came back to New Jersey and realized that it would be difficult for us to survive for four months until the next semester with the money that I had in my hands. This was tormenting me and I realized my plans needed to change. I saw an advertisement in the Sunday NY Times, for a job at the V. A. Medical Center in New York City. I applied for the job and had an interview. About three weeks later, the US Office of Personnel Management in Washington, D.C. called to let me know that the application and appointment process had been completed. Soon I would start work. Although I was looking for a temporary job for four months, I had found a federal job that was a better opportunity than the research position.

With New York University and Columbia University nearby, I thought I would have a better opportunity to continue my studies. My plan was to finish my studies in 2–3 years, and return to a university in Korea to continue my teaching career. I felt this to be a better opportunity than a research job so I took it.

I started working at the V.A. Medical Center on July 17, 1972. While working I looked for more convenient and alternative treatment methods, so new ideas emerged. For example, when there was no cervical brace available, in an emergency we used a long rolled up towel that was put in a woman's nylon stocking and wrapped around the neck.

It was difficult to measure and guess the range of motion of a joint by oneself. I realized that if I attach a protractor to the axis of the wheel using a shoulder wheel exerciser, you can easily measure the range of motion of the shoulder joint, hip joint, and knee joint. I had reported these new innovations and techniques to the Director of the Medical center. This was then reported to the main office in Washington D.C, through the hospital director and I received prize money. The above functional goniometer using the shoulder wheel was commercialized by the manufacturer.

특히 뉴욕대학교(N.Y.U.)의 세계적으로 유명한 러스크 재활연구소(Rusk Institute of Rehabilitation)는 아주 가까운 거리에 있어 대학원 다니기가 용이하여, 뉴욕대학교에서 기초학문을 좀더 공부할 마음으로 입학원서를 제출하여 1972년 9월 학기부터 공부를 시작하였다. 직장인들을 감안해서인지 전 과정이 저녁에 강좌가 열려서 시간을 효율적으로 활용할 수 있었다.

내가 수강한 첫 강좌는 학과장이신 Prof. Arthur Nelson, Ph.D.이 담당하는, '인체 동작의 분석과 평가'(The Analysis & Evaluation of Human Motion)였는데, 언어가 능숙하지 않아서 그 내용을 충분히 소화할 수가 없어 당황하면서 첫 시간을 마쳤다. 그래서 녹음기를 사서 강의 내용을 녹음하여 집으로 오는 전철 안에서 듣고 했는데 문명의 이기를 활용해 재수업하는 방법으로 시간도 절약하면서 공부한 셈이다.

그런데 그 당시 Tape recorder는 오늘날의 손바닥 크기 같은 작은 게 아니고 매우 부피가 커서, 가지고 다니기에 그리 쉽지는 않았다. 또 그 당시에는 국제전화는 통화료도 비싸고 오늘날처럼 편리하지도 않아서 녹음해 우편으로 카세트를 한국에 보내 서로 소식을 주고받고 함으로 꼭 필요했던 도구였다. 또한 종종 한 시간 분량의 강의를 녹음해 대학에 보내줘 대학에도 도움을 주며 미국 생활을 시작했다.

한 학기를 마치고 다음 학기 등록을 준비하는 중에 병원 총무처로부터 New York University와 뉴욕 V.A. Medical Center와 상호 교육협력 프로그램이 체결되어서 이 대학에 다니는 직원들에게 장학금이 지급되니 신청하라는 공문이 와서 생각지도 않은 학비 절감의 특혜를 보았다. 그 당시 한 학점에 $250 정도로 생각된다. 3학점짜리 한 강좌를 신청하려면 $750정도 드는데 대학에서 25%, 병원에서 25%의 장학금을 받으면 나머지 50%인 $380정도만 부담하면 공부를 할 수 있게 된 것이다. 석사학위를 받기까지 혜택을 받았으니 참으로 감사했다. 그 당시 studio apartment 월세가 $85 정도였으니 많은 혜택을 받은 거지. 등록금은 매년 상승해 졸업할 때는 학점당 약 $400 정도 낸 것으로 기억한다.

브루클린의 Prospect Park의 Beekman Pl. 아파트에서 두 해를 살다가 Michael이 태어나 좀 넓은 공간으로 공원 앞의 Ocean Ave. Apartment로 이사를 했어. 이 아파트는 옛날에 건축된 아파트이기에 오늘날과 같지 않은 방 구조가 매우 넓었지. 직장 근무와 학교 공부를 병행했다. 그러고도 수업이 없는 날 저녁에는 Queens Medical Center에서 파트타임으로 일을 했다. 새벽 별을 보고 출근하고, 저녁엔 별을 보며 퇴근하는 참으로 무척 고달프고, 힘든 바쁜 생활의 연속이었다.

The world–renowned Rusk Institute of Rehabilitation at NYU was close to me so I applied to attend the graduate school. I attended all of my graduate school courses in the evening, so I could use my time efficiently and work during the morning. The first course I took was with Prof. Arthur Nelson, Ph.D., the director of the department. It was a course in "The Analysis & Evaluation of Human Motion". The class was difficult and I left my first class embarrassed because I could not understand and comprehend all of the information due to my lack of proficiency in English. After that experience, I started to record the lectures, and to relisten to the class while commuting home by train to save time and to review and study. The tape recorder back then was not as small as it is today. It was very bulky, and not so easy to carry. Although inconvenient, it was a powerful tool. Since international phone calls were very expensive and not as easily accessible as they are today, it was a necessary tool for recording and sending our messages by post to exchange news with our family in Korea. After my first semester as a graduate student and as I was preparing to enroll for the next semester, a mutual education cooperation program with NYU was signed with the V.A. Medical Center. Scholarships were provided to the employees of the V.A. Medical Center who attended N.Y.U. At that time, I think tuition was about $300 per credit. I recall that it cost about $900 to apply for a 3-credit course. If I get a 25% scholarship from the University and a 25% scholarship from the hospital, I only need to pay for half the credits or $450. This program continued until I finished my master's degree. I was really grateful for this scholarship and benefits. At that time, the rent for our studio apartment was about $ 85, so this scholarship provided a lot of financial relief. The tuition fee rose every year, so by the time I graduated, I was paying $500 per credit. At that time, we were living at Beekman Pl. in Prospect Park, Brooklyn. After living in the apartment for two years, Michael was born. We then had to move and we found another apartment. Since this apartment was in an old building, each room was very spacious, unlike today. After working and studying at school, I would also work part-time at Queens Medical Center in the evening when I did not have class. I started my work day by watching the stars in the morning, and ended the work day in the evening by watching the stars while coming home after work.

좀 일찍 퇴근하는 날에는 Michael과 엄마가 아파트 앞에서 나와 놀다가 퇴근하는 나를 발견하고는 맑은 미소와 더불어 괴성을 지르며 반겨주었다. Michael이 보조바퀴(training wheel)가 붙어있는 작은 장난감 자전거를 타고 달려와서 좋아해서 나에게 삶의 진수와 행복감을 안겨주곤 했었지. 그 당시의 행복감은 어떤 말로도 다 표현할 수가 없는 지경이었다.

한번은 백화점에 갔는데 잠시 물건 사는 동안 갑자기 정석이가 없어져서 찾느라 엄마의 얼굴이 하얗게 된 적도 있었지. 정석이가 carpet이 걸려있는 속에서 혼자 숨바꼭질(seek and hide) 놀이를 하고 있는데 우린 다른 곳에서 찾다가 혹시나 해서 다시 돌아와 주위를 살피다 정석이의 발을 엄마가 발견해 찾은 episode도 있었다.

또한 그 당시 한국에서 사랑하는 딸 영선(Diane)이가 뉴욕에 와서 정석(Michael)이가 누나와 같이 사는 새로운 삶이 시작되었다.

영선(Diane)에게 영어 공부를 시킬 겸 우리 아파트 옆에 있는 Jewish Center의 Head Starts Program에 입학시켰는데, 집에 와서 하는 말이 선생님의 말을 알아듣지 못해 속상한데, 저희는 한국말도 못하면서 영어를 못 알아들어서 놀린다고 조잘대며 불평했다. 영선에게 미안한 한편 대견하여 속으론 아내와 웃곤 했다.

영선이가 네 살 때 할머님과 같이 미국에 와 다섯 식구가 되니 삶의 진미를 더 많이 맛보기도 했지. 다행히 길 건너 넓고 넓은 많은 놀이기구를 갖춘 Prospect Park가 있어 너희들 양육하기엔 안성맞춤이었어. 바로 옆엔 Brooklyn Botanic Garden이 있어 봄철 벚꽃이 만발하면 산책할 겸 주일엔 우리 식구 봄 나들이를 즐기며 살았다. 영선이와 정석이는 울지도 않고 자라준 착한 아이들이었다. 건강히 지혜로운 자손들로 성장해 줘서 고맙다.

On days that I came home a little early, I would find Michael and his mom in front of the apartment playing. Michael would scream with a bright smile while riding his small toy bike with training wheels to greet me. The feeling of pure joy and happiness when he hugged me cannot be fully expressed in writing. One time, we went to a department store. After shopping for a while, I remember his mom's face turning white while searching for Michael. Michael was playing hide and seek alone in the carpet section of the store and he would not come out. We searched frantically in all the departments and finally saw Michael's feet sticking out from underneath.

When Diane was four years old, she came to the United States with her grandmother and we became a family of five; she had given us more taste for life. I enrolled Diane to study English in the Jewish Center's "Head Start" Program next to our apartment. While I felt sorry for her when she would complain that the other kids were teasing her because she didn't understand English, we used to laugh hard and out loud when she would say that she did not understand what the other kids were teasing her about when they could not understand Korean. Fortunately, Prospect Park was across the street with lots of wide and spacious grounds to run around. It was a great place to raise the kids. The Brooklyn Botanic Garden was right next to it, and when the spring flowers were in full bloom, we would enjoy it on spring outings with our family on Sundays. Diane and Michael were very good children who grew up without significant difficulty. We are very thankful for that.

장모님의 작고

청천벽력 같은 소식을 접하다.

1975년 더운 여름 저녁에 대학원의 수업을 마치고 집에 왔다. 그런데 서울에서 전화가 왔는데 평소 고혈압이셨던 장모님께서 밤에 주무시다가 뇌출혈로 쓰러지셔서 응급 수술을 받았지만 작고하셨다는 소식이었다. 집사람은 넋을 잃고 울고 있었다. 무어라 표현할 수 없는 참담한 시간을 우리 부부는 보내야 했다. 소식을 듣고 엄마의 친구 장동림 씨가 찾아와 그 밤을 같이 보내면서 엄마를 위로해 주었다.

자손들의 성장과정과 사회 진출을 제대로 보지 못하시고, 우리는 결혼하고 1년 만에 미국으로 왔기에 많은 아쉬움을 간직하고 계셨을 터인데 이렇게 황망히 가시다니….

나는 지금까지도 장모님 생각을 하면 늘 죄송한 마음이 앞선다. 고인이신 장모님의 영혼이 시원한 곳에서 영원한 안식과 평안이 있으시길 간절히 기도드리며 오늘 하루도 말없이 강물처럼 흘러만 간다.

PASSED AWAY OF MY MOTHER-IN-LAW

On a hot summer evening in 1975, when I got home from

graduate school, my wife got a phone call from Seoul. My mother-in-law had suffered a cerebral hemorrhage while sleeping at night due to high blood pressure and had emergency surgery. I can remember that your mom's friend Dong-rim Jang came to the apartment and comforted her. She spent the night with my wife who received a lot of comfort from her friend. We regret that my mother-in-law couldn't see the success of her descendants since we came to the United States so soon after we got married. I earnestly pray for eternal rest and peace for her soul.

장인, 장모 산소, 천안공원 묘지(mom's parent cemetery, ChunAhn, Korea.) 2008.

세계 물리치료연맹 대한민국 정회원 가입 및 제7차 총회 한국대표로 참석

대학에 재직하던 1970년 부터 사단법인 대한 물리치료협회 회장직을 맡았다. 그때 나는 세계 여러 나라의 협회와 정보 교환을 하면서 좋은 관계를 유지하기 위해 편지도 쓰고 공문을 작성하느라 많은 시간을 할애하였다.

우리 한국도 세계 물리치료연맹(World confederation for Physical Therapy)에 가입하여야 한국의 물리 치료계가 국제적으로 인정 받게 되고, 다른 나라와 어깨를 나란히 할 수 있기에 나는 적극적으로 이 일을 추진했었다. 내가 직접 가입신청서를 작성하여 송부했다. 그리고 바로 나는 미국행 비행기를 타게 되었다. 그때 김용천 부회장에게 회장 직무를 인계하고 떠나왔었다.

1974년에 한국협회에서 소식이 왔는데 한국이 세계 물리 치료 연맹에서 가입이 인준되었다고 했다. 그해 7월에 제7차 세계 물리치료연맹 총회(The 7th International Congress, World Confederation for Physical Therapy, Montreal, Canada)가 Montreal, Canada에서 개최되는데 협회로부터 대한민국 대표로서 신 회원국 가입식과 총회에 참석해 달라는 요청을 해왔다. 그래서 나는 생애 두 번째로 해외여행을 하게 되었다.

이번 총회에서 한국이 정식 회원국이 됨으로써 한국에서 이 교육 과정을 받은 모든 분이 세계에서 인정받는 계기가 되었다.

캐나다에서 한국으로 파송 받은 선교사님이시고, 연세대학교 원주 분교에 재활과를 설립하여 손수 교육사업에 투신하신 구애련(Marion Current) 교수께서 한국 부대표로 오시게 되어, 오랜만의 해후를 했다. 구애련 교수님은 자기 나라에 방문했으니 자신이 호스트를 담당하겠다 하시면서 나에게 관광도 시켜주셨고, 식사 대접도 잘 받았다. 구애련 교수님은 학문적으로 잘 준비되신 분이었는데 연세대학교에 재활과를 설립하시고, 의료 교육 선교의 귀한 사명을 담당하신 분이시다. 체계적인 학문으로 재활학 초창기 한국에 단단히 뿌리가 내리도록 크게 역할을 하셨고, 한국의 재활의학 발전에 큰 획을 그으신 매우 감사한 선교사님이셨다.

그때 캐나다에서의 총회는 호텔이 부족해서 잠은 맥길대학교(McGill University) 기숙사에서 자고, 총회 및 학술대회는 회의장인 호텔에서 이루어졌다. 구애련(Marion Current) 교수님의 안내로 그 당시 설비가 가장 잘 되었다는 지하철도를 탔는데, 뉴욕 지하철과 달리 바퀴를 철로 제작하지 않고 일반 자동차의 고무 타이어(rubber tire)로 제작하여서 쾌적한 승차감을 주는 지하철 구조에 인상적인 감명을 받았었다. 그때 지하철을 타고 여러 성당과 시내 관광을 했다.

5년 전 Queen Mary II로 cruise 여행을 하면서 관광한 몬트리올은 아주 색다른 감회를 나에게 선사해 주었다. 제7차 WCPT 세계학술대회에 참석한 지 47여 년이 지나서 다시 찾은 몬트리올은 그 감회와 뉘앙스의 차이가 적지 않음을 느꼈다.

47년 전이나 그때나 역시 몬트리올시가 주는 그 색감과 풍경은 매우 아름다웠다. 오색찬란한 가을 단풍의 불타오르는 듯한 풍미는 환상적이었다.

제7회 총회에서는 한국 외에도 Japan, Greece, Thailand, Philippine, Indonesia 등등 정식 회원국으로 인준받음으로 31개국이 참여하는 명실상부한 세계적인 단체가 되었던 것으로 기억한다.

ADMISSION OF KOREA AS A FULL-MEMBER OF W.C.P.T, Montreal, Canada, June,1774

In 1970, I was elected as the President of the Korean Physical Therapy Association (KPTA). Soon after, the association decided to join The World Confederation of Physical Therapy. I had spent a lot of time writing developing relationships and fostering official correspondence with associations in many countries around the world. I actively pursued this networking because the association wanted to join the World Confederation for Physical Therapy. We wanted the KPTA to be recognized internationally and stand shoulder to shoulder with other countries. After submitting an application for membership, I left for the US. I handed over my role as the president of the association to the vice-president. In 1974, the KPTA got word to me that the application for membership in the World Confederation for Physical Therapy had been accepted. I was asked to attend the new member registration ceremony and general assembly as a Voting Delegate representing the KPTA. So, I made my second international trip abroad and went to Canada. Participating in the General Assembly and becoming an official member of the World confederation was an honor and provided an opportunity for all those educated in Korea to be recognized in the world.

Prof. Marion Current, who was sent from Canada to Korea as a missionary and who established a rehabilitation department at Yonsei University's Wonju branch, had devoted herself to physical therapy education. She returned to Canada and she participated in the General Assembly with me as a deputy delegate of K.P.T.A. Since I was visiting her country, she offered to be my host and gave me a tour of Montreal; I was treated well with meals. Professor Current accomplished academically. She founded the Department of Rehabilitation of Yonsei University's Wonju branch and was in charge of physical therapy education there. She was truly a great missionary who had a tremendous impact in the development of rehabilitation medicine in Korea.

Due to the lack of hotel vacancies, I had to sleep in McGill University dormitories while the general assembly meetings and conferences were held in the hotel conference hall. With Prof. Current's guidance, I was able to navigate the subway system; Montreal was said to have the best facilities at the time. Unlike the NYC subway system, the wheels were not made of iron, but instead the subway trains wheels were made of rubber tires giving a luxurious and pleasant ride. I took the subway to various cathedrals and city tours. I again saw the city of Montreal five years ago while on a cruise on Queen Mary II. I felt tremendous nostalgia looking at the city, 47 years later after attending the 7th WCPT World Conference. It was a beautiful autumn day with the warm colors of the fall foliage in full bloom.

I have remembered that it has become a world class organization with 31 countries participating in it by being approved as official member countries, including Japan, Greece, Thailand, Philippine and Indonesia etc.

* 이 사진들은 한국 부대표로 참석한 캐나다 선교사, Prof. Marion Current께서 찍었으며 총회 내내 나와 행동을 같이 해 주시며 좋은 동반자 역할을 잘해 주셨음에 감사함을 드리고자 한다.

At Voting Delegate Reception with Ms. Doreen Moore, President of WCPT

Admission of Korean Flag as a member of W.C.P.T. Montreal, Canada, June, 1774

총회에서 발언, Presentation of proposal at Congress of WCPT
The 7th International Congress, WCPT as Voting Delegate of Republic of Korea. 6. 1974

부업으로 사업을 시작하다

그때 이곳 미국에서는 한 사람의 수입으로는 큰 발전을 할 수 없었다. 어느 날 엄마가 사업을 시작하는 게 좋겠다고 제안하였다. 그래서 우리 부부는 〈NY Sunday Times〉를 구독하며 업종 선정에 골몰하는데 나는 낮에는 직장 근무를 해야 하니 아내가 직원들과 할 수 있는 사업을 물색하였다.

그래서 Manhattan 14th Street의 Stuyvesant town 근처 에 주류(wine & Liquors) 소매점을 샀다. 마침 지인과 같이할 수 있어 좋았고, 내가 퇴근하여서 작성한 필요한 목록대로 전화로 주문하여 배달시켰다. 재고 정리(inventory managements)와 현금 관리(cash management)를 잘한다면 특별히 광고 없이도 할 수 있는 편안한 사업이었다. 추수감사절과 크리스마스 절기에는 매상이 많이 올라 밤에 은행야간보관소(bank night depository)에 예금하러 다섯 번이나 직원과 같이 다녀오기도 했는데, 위험하다는 생각이 들었다.

그 당시는 신용카드를 별로 사용하지 않았고 거의 현금 결제였다. 많은 현금을 가게에 갖고 있기에는 위험해서 수시로 보관소(depository)를 이용했다. 2년간 운영해 보니 동업하는 것보다는 혼자 하면 수입이 괜찮을 것 같아서 동업자에게 가게를 양도하였다.

우리는 엄마가 독자적으로 운영할 수 있는 업종을 찾아 Brooklyn

Boro Park에 Carvel Store를 인수하였다. Stuyvesant Town에서 가게와 가까운 Brooklyn 41 St.로 이사를 하였다. 아마도 한국 사람으론 우리가 두 번째로 Carvel franchisee가 되지 않았나 생각된다. 그후 주위 친지들에게 소개하여 많은 한국 사람이 연쇄적으로 같은 연세점을 운영하고, 지금은 많은 한국인이 이 사업을 하고 있다. 업종이 national brand로서 전국적으로 광고를 해 주니까 개인이 특별히 광고에 신경 안 써도 되고, 소수 인종(ethnic group)으로 인종 차별도 받지 않는 연쇄점(franchise)이기에 경영이 좀 쉽지 않았나 싶다.

새로 이사 온 우리 집 근처에 공립학교가 있어서 어머니가 우리 아이들을 학교에 데리고 다녔다.

"자녀들아, 생각이 나느냐? 새로 이사한 아파트는 4 bed room이 있었고 뒤뜰에 정원이 있었는데, 이사 온 후로 정석(Michael)이가 천식(asthma)으로 고생을 많이 한 것을."

아내는 가게 일로, 나는 직장에 다니다 보니 낮에는 어머니께서 아이들을 보살펴 주셨다. 우리가 퇴근하여 집에 오면 정석이가 종종 호흡을 힘들어했다. 집 근처 Borough Park에 Maimonides Jewish Medical Center가 있어서 병원 응급실을 찾곤 했는데 아내는 매우 피곤한데도 아들이 아프면 응급실로 달려가곤 하였다. 응급실에서는 Vinyl tent를 쳐서 엷은 안개(mists)로 호흡을 용이하게 했다. 그래서 아내가 아예 우리 집에 vinyl tent를 만들어서 정석이가 잠잘 때 편안한 호흡을 할 수 있게 해 주었다. 이걸 아마 정석이가 기억할까? 나중에 알았는데 털이 많이 달린(fluffy) 카펫이 천식을 앓게 된 주원인이었다.

이때쯤 동생 경자가 미국으로 왔고, 미국 생활을 시작하였다. 아내와 경자가 Carvel store를 함께 운영해 준 덕분에 나는 플러싱의 개인 병원에서 클리닉을 개업할 수가 있었다. 그런데 나의 클리닉까지는 교통정체(traffic jams)가 극심해서 어떨 때는 2시간 이상 걸려 다녔다.

그 후 불행하게도 나의 심장병(mitral valve stenosis)이 점점 악화되었다. 경제보다는 건강이 우선이어서 clinic을 양도하고 나는 일을 놓을 수밖에 없었다. 물론 V.A. Medical Center도 사직했다.

STARTS A SMALL BUSINESS

We needed to start a small business because we were not able to make and save a lot of money from our small jobs. We subscribed to the NY Sunday Times to search for a business to invest in. I was looking for a business that my wife could handle on her own with staff workers. A wine & liquor retail store near Stuyvesant town on 14th Street in Manhattan became available and so we decided to invest in it in a partnership with a friend. It was nice to be able to share the work with my friends. Many purchases were delivered by phone order. I took inventory every evening and made a list of merchandise that needed to be purchased. It was a comfortable business that we could run without big advertisements as long as we had good inventory and cash management. During the Thanksgiving and Christmas seasons, business was very good and there were a lot of sales. We would need to make several deposits a night using the bank night depositories, sometimes even seven times at night. There was very little protection at night during the deposits; it was an uneasy feeling of danger.

두 번째 석사학위

내가 졸업논문을 준비할 때다. 그때 닉슨 대통령이 중국을 방문하여 죽의 장막(curtain of bamboos)을 무너뜨림으로 동양의 문물이 인기가 한창 오르고 있었다. 이때 동양의 침술(acupuncture)이 미국에 소개되었고 많은 관심과 연구들이 시작되고 있었지.

나는 병원의 생체역학 연구소의 도움으로 근연축(muscle spasm)강도를 측정할 수 있는 특별한 소형 근전도기(mini EMG instrument)를 제작했다. 이것을 이용하여 환자들에게 지압(acupressure) 치료 전과 치료 후의 근육경직(muscle spasm) 강도를 측정하여 그 효과를 연구 분석했다. 가설(hypothesis)한 대로 치료효과가 현저함을 발견했다.

나는 석사학위 지도교수인 Marilyn Moffat, RPT, Ph.D.와 상의 후 이것으로 학위논문을 작성하기로 했다. '지압이 근육경직에 미치는 효과'(The Effects of Acupressure in Reducing Muscle Spasm)라는 제목으로 세 명의 심사위원을 통과하여 내 생애 두 번째 석사학위를 받았다.

지도교수인 Dr. Moffat은 미국 물리치료협회장(President of American Physical Therapy Association)과 세계물리치료연맹 회장(President of World Confederation for Physical Therapy)를 역임하셨다가 은퇴하였다.

심리학을 제외한 다른 전공과목들은 1st Ave.와 34th St.에 있는 러스크 재활연구소(Rusk Institute of Rehabilitation)에서 공부를 했다. 언어의 장벽으로 교수들의 강의 내용을 충분히 이해 못해서 남들은 두 시간으로 가능한 내용을 나는 4~5시간 공부해야 진도를 맞출 수가 있었다. 노력과 시간이 들었지만, 그 덕에 영어 공부를 더할 수 있었다. 그때 배운 영어가 미국 생활에 큰 도움이 되었기에 이 점도 늘 감사한다.

2학기를 마치고 New York State P.T. license 시험을 치르고 합격의 기쁨도 맛보았다. 그때 우리는 Manhattan 14 St. Stuyvesant Town에 살았다. 그때 엄마가 영선과 정석과 함께 한국을 방문하면서, 그동안 면허시험 준비를 하라는 응원도 받았다.

대학원의 강의가 New York의 34 St.와 East River 바로 옆 러스크 재활연구소(Rusk Institute of Rehabilitation)에서 주로 받게 되다 보니 여름에는 시원한 강바람 덕분에 가벼운 맘으로 다닐 수 있었지만, 겨울엔 불어치는 강바람이 매서웠다. 빌딩으로 꽉 찬 맨해튼의 길거리로 내려칠 때면 살을 에는 듯했는데도 참으면서 전철 정거장이 있는 Park Ave.까지 걸어 다녔다. 그때의 추위는 40여 년이 지난 지금도 생생하다.

The 2nd Master degree, New York University, 1977.

MY 2ND MASTER'S DEGREE

As time passed, it was time that I prepared my graduation thesis. When President Nixon visited China, he broke barriers and Eastern culture became popular. The concept of Oriental acupuncture (acupuncture) was introduced to the United States. There was a lot of interest in the practice and research ideas were plenty. With the help of the hospital's biomechanical research center, I was able to make a special mini-EMG instrument that was able to measure muscle spasm strength. This device allowed me to measure the strength of muscle spasm before and after acupressure treatment. After analyzing the data, we found that the therapeutic effect of acupuncture was remarkable and very effective in support of my hypothesis. I decided to base my Master's thesis and dissertation thesis on acupressure. My thesis was titled "The Effects of Acupressure in Reducing Muscle Spasm." I argued my thesis in front of three judges and received my second Master's degree. I was fortunate to have worked closely with my advisor, Marilyn Moffat, Ph.D. on my thesis research project. Dr. Moffat served as President of the American Physical Therapy Association and the President of World Confederation for Physical Therapy before she retired.

As I mentioned earlier, while I had studied at the Rusk

Institute of Rehabilitation, I couldn't fully understand the contents of the professor's lectures conducted in English, so I would record the lecture and relisten to them. In essence, I studied the 2-hour lecture contents over 4 to 5 hours to keep up with the other students. Even though it was difficult, as I reflect back, I am grateful for the process because the English I learned at that time helped me throughout my life in America. The hard work that I put in was rewarded by my success in passing the NY state physical therapy boards and the license exam. We were living in Stuyvesant Town on 14 St. in Manhattan at that time. In order for me to study peacefully, my wife and children provided me with the space and the support by visiting Korea at this time.

임상실험이 끝나고 모든 데이터를 수집해 심혈을 기울여서 타이핑하고 그래프를 작성해 50여 페이지의 논문을 완성해서 제출해야 했다. 그런데도 지도교수께서 논문 기술 방법을 다른 방향으로 바꿔 보자고 지시하길 여러 번 하셔서 그때 고생을 많이 했다. 문제는 지금처럼 컴퓨터를 이용해 작성하는 게 아니라 일일이 매 페이지를 타자기로 쳐야 했다. 수작업으로 인용하는 논문과 책자의 페이지까지 각 페이지 하단에 작성해야 해서 무진 고생을 했다. 그것도 직접 내가 타자기를 치는 게 아니라 직장의 비서에게 수고비를 주면서 작성하는 논문이었기에 그 경비도 나에겐 부담스러운 부분이었다.

지도교수께서 마지막으로 승인(approve)하시면서 말씀을 하셨다. 논문을 여러 번 다른 방향으로 기술하다 보면 더 좋은 논문 내용이 나오고, 논조 기술법을 스스로 터득할 수 있어서 연습시키느라 여러 번 다른 방향으로 논술을 전개하도록 하였다고 하셨다. 그 위로의 말씀이 지금도 내 귓전에 맴돌고 있는데 이 또한 참으로 감사한 일이다. 언어가 유창하지 못해 만고의 고생과 노력으로 생애 2번째로 받는 학위는 나에겐 매우 값진 학위였는데 뒤에서 맘과 정성을 다해 뒷받침해 준 엄마의 노고에 이 자리를 빌어 감사함을 다시 표한다.

학위 수여식이 뉴욕대학교 교정이 있는 워싱턴(Washington Square)에서 간이의자를 놓아서 식장을 만들어 하는 게 그 당시 뉴욕대학교의 전통이었다. 학위 수여 식장에서 뉴욕의 원각사 오 법안 주지스님도 학위를 받게 되어 반가이 같이 기념촬영을 한 기억도 난다.

학위식에는 학위 받는 학생도 많고, 학생들과 축하객들이 발산하는 체열과 무더위까지 합쳐져 가운에 땀이 밸 정도로 더웠어. 어머니와 아내, 영선이와 정석이가 참석하여 나를 축하해 주었다.

지금 이 순간, 언어의 취약함, 경제적 압박을 받으면서도 끝까지 포기하지 않고 이날이 오기까지 달려온 지난날이 머릿속을 스치며 주마등처럼 스쳐 지나간다. “네 시작은 미미하나 그 미래는 창대하리라.”는 주님의 말씀이 부족한 나를 다시금 상기시켜 주었고, 용기를 얻어 나 자신을 재충전하는 계기로 삼은 시간이었다.

At the end of the clinical trials, all the data was collected, analyzed, graphs drawn, and my 50-page thesis was typed up with great care. Since I did not use a computer with easy editing capabilities. I recall the difficulty I had in making edits and documenting the citations at the bottom of each page by hand. The thesis was also an expensive document that I had to pay the secretary at work to transcribe for me from handwritten to typed pages. My advisor had suggested that I edit and rewrite the thesis paper many times taking different approaches. Her advice was that the more you edit and rewrite the text, the better the paper will be. The encouragement that I felt and the awesome feeling of success when she finally approved the thesis still lingers in my ears; I am so thankful for that experience. My 2nd Master's degree was very special to me because I earned it in a language that I wasn't fluent in. I owe all the success to those who supported me, especially my wife. I thank her with all my heart and sincerity.

The commencement ceremony was held in Washington Square Park, on the campus of NYU. At that ceremony, the monk of New York's Wongaksa Temple Oh BumAn also received a degree and I remember taking a commemorative photo with him. Graduation day was held outdoors and there were many graduating students. It was such a hot day. I recall sitting outside in the heat of the sun and the heat emanating from the other graduating student's bodies was so immense that the gown I wore was wet and stuck to my body. My mother, wife, and

Diane were able to attend the ceremony. I was overwhelmed with emotion in the achievement of earning this Master's Degree. I overcame the significant language barrier, economic pressure and hardship. The past few years danced in my head like a kaleidoscope of memories. I was reminded of the difficult road that I took to get here but how I got here was insignificant, because I as confident that the future will be prosperous; I took it as an opportunity to recharge myself with courage.

석사학위 논문이 완성될 즈음 1977년 여름, 마침 한국에서 국제학술대회(The 6th Pan Pacific Rehabilitation Conference)가 열렸는데 나도 논문 발표자로 선정되었다. 병원에 출장 신청하여 허락을 받아서 고국을 떠난 지 5년 만에 고국을 방문할 기회를 얻었다.

전 세계의 많은 학자가 참석하는 학술대회로 발표한 논문이 책자로 발행되었다. 나의 논문도 물론 이 책자에 실려 있다.

그때 고국에서 그리웠던 여러 식구와 친우들, 고려대 교수님들과 상봉하는 기쁨도 맛보았다.

형도 아빠가 매일 학술대회장인 워커힐호텔까지 자신의 자가용으로 태워다 줘서 참으로 편하게 학술대회에 참가할 수 있었다. 그때 모든 순서가 영어로 진행되어서 알아듣기 힘이 들고 지루할 터인데도 마다하지 않고 끝까지 동행하며 함께 해준 형도 아빠에게 이 자리를 빌려 재삼 감사를 드리려 한다.

학술대회에 다녀오고 미국에 오니 엄마가 집을 살 수 있는 다운페이할 돈을 준비해 놓았다. 그래서 시간이 있을 때마다 학군이 좋은 곳을 찾아 집을 구하러 다니다가 Wyona Ave, Staten Island 에 집터가 넓고 주변 다른 집들과 구조도 달리 지어진 개인 clinic할 수 있는 집이 좋아 보여서 구입하고 이사하였다.

학군이 좋아서 사립학교에 다니지 않아도 되었기에 결정한 것이었다. 그런데 막상 영선이가 고등학교에 진학하게 되니 마음을 바꿔 학비가 들더라도 Catholic 사립교인 Norte Dame High school로 진학시켰다. 또 정석이도 사립학교인 Monsignor Farrell High school에 입학했는데, 정석이가 사립학교보다는 공립인 Tottenville High school로 전학하기를 원해서 전학하였다. 졸업할 때 스페인어(Spanish)에 탁월한 성적을 보여줘 상을 받았는데 Staten Island Advance에 사진과 더불어 기사로 실리기도 해서 부모인 우리에게 큰 기쁨을 되는 귀한 선물을 주었기에 감사함을 표한다.

news

STATEN ISLAND ADVANCE ■ WEDNESDAY, MAY 22, 1991

ADVANCE PHOTO/MILTON FLORES

...ft, one of the students honored at the Continuum of Education ceremony, sits with his ...ng and Katherine Rhee.

Top students earn recognitic

18 Islanders honored for academics, work in community

BY ADVANCE STAFF WRITER

The Staten Island Continuum of Education honored the borough's outstanding high school graduating seniors last night during its recognition ceremony at Wagner College.

High School principals selected one student from each graduating class who exhibited both high academic standing and involvement in school and community activities.

"These young people are involved in life. It's not just a day-to-day existence, it's truly involvement," said Marguerite Paulo-Heyer, director of the Continuum.

Eighteen students from both public and private schools received engraved plaques in recognition of their accomplishments.

"It made me feel good that someone thinks I'm doing something of benefit," said honoree Sharmila Rao, of St. Joseph Hill Academy.

Aside from earning a 96 percent grade average, Ms. Rao is also editor of the school yearbook, and a reporter and photography editor of the school newspaper, The Summit.

Ms. Rao plans to attend Brown University, ... not decided what she will study next year.

Dr. Diane McGivern, professor of the divi... nursing at New York University's School of ... tion, and Staten Island representative to th... Board of Regents, spoke about privilege, resp... ity and caring.

Students recognized were: Dana Barnett, ... Island Technical High School; Christine Calla... cord High School; Don V. Cannella, McKee ... tional High School; Mary Celenza, Notre ... Academy High School; Joseph Cocozello, St. ... Boys High School; Lorenza Covello, St. Peter ... School for Girls; Joseph Delgardio, Francis ... David Francis DellaLana, Staten Island Ac... Jennifer Drilon, St. John Villa Academy; ... Goretsky, Curtis High School; Judy Kuo, Por... mond High School; Michael Lapetina, St. Jos... the Sea; Jennifer Noto, Susan Wagner High ... Michael Rhee, Tottenville High School; E. Ale... Troise, Monsignor Farrell High School; He... Zalantis, New Dorp High School; Kimmarie Z... Moore Catholic High School.

Article of Staten Island Advance, 5.22.1991

In the summer of 1977 after the completion of my master's thesis, I was chosen to present it at the 6th Pan Pacific Rehabilitation Conference which was held in Seoul, Korea. I applied for an official business trip stipend from the VA hospital and got permission to travel and go back home for the first time in 5 years. It was an academic conference attended by many scholars from all over the world and my thesis was included in the conference's program booklet. I also benefited from the reunion with my family, friends and professors in Korea; it was joyous. My brother–in–law, SaeNam Lee escorted me around and gave me rides to the conference venue at the Sheraton Walker Hill Hotel.

When I had returned back to the US, my wife had finished the preparation for a down payment for a house. In our free time, we searched for a home to purchase in a neighborhood in a good school district. We came across a house that had a distinct design and decided to purchase it. We decided on the Wyona Ave. house so that the children may attend public school. Diane decided she wanted to go to a private school and attended Notre Dame for high school. Michael also attended a private school for 1 year but then transferred to Tottenville High school.

When Mike graduated, he was awarded an award for showing excellence in Spanish. The awards night was covered and was featured in the local paper, the Staten Island Advance; it included Michael's picture and caption as part of the article. I am so thankful for this valuable and awesome gift that a child made to their parents.

Article Presentation, "Evaluation of Acupressure in Reducing Muscle Spasm", 6th Pan Pacific Conference of Rehabilitation International, Seoul, Korea. 1977.

GENERAL

Evaluation of Acupressure in Reducing Muscle Spasm

ABSTRACT

INTRODUCTION

METHOD

Journal of APTA, Vol.58, Mar., 1978.

J. G. BUECKER

Evaluation of Acupressure in Reducing Muscle Spasm. (MA) Rhee KW (435 E 14th St, 10B, New York, NY 10009), New York University, New York, NY, 1977

Thirty patients having rheumatoid arthritis, osteoarthritis, and traumatic musculoskeletal conditions were studied to evaluate the effectiveness of acupressure in reducing muscle spasm and the pain syndromes which accompany muscle, spasm. Subjects were evaluated before and after application of acupressure by means of electroneuromyographic recordings, skin temperature recordings, range-of-motion testing, and subjective pain evaluations. A statistically significant difference could be detected as manifested by the data which showed electroneuromyographic potentials ($P < .01$), skin temperature ($P < .01$), range of motion ($P < .01$), and subjective pain evaluation ($P < .01$). The study concluded that acupressure is a valuable therapeutic modality for some patients with spasm and the pain which accompanies muscle spasm.

K.W. RHEE

Article published, Proceedings of 6th Pan Pacific Conference of Re7habilitation International, Seoul, Korea .4. 1977, pp 408~414.

상가 구입과 건축 공사

우리 집 근처의 Carvel store를 찾게 되었다. Staten Island에서 Carvel 운영할 때는 고등학교에 다니던 영선이와 정석이도 가게를 많이 도와주었던 생각이 날 거라고 짐작된다. 바로 이 기업이 우리 집으로서는 매우 중요한 전환점이 되었다.

운영한 지 5년여 정도 흘렀을 때 집주인이 사망하고, 그 자손들 간에 법정 다툼이 벌어졌다. 우여곡절 끝에 매각하기로 결정되었는데, 그 당시 시세로는 비쌌지만 우리는 가게를 보호(protect)하기 위해 은행에서 대출을 받아 구입하였다.

임차인(Lease Holder)이 Carvel 본사로 되어 있어서 만기 1년을 남겨놓고 Carvel store를 철거하고, 그곳에 건물을 지어 작은 상가(strip shopping mall)로 변경 계획을 제출하여 합의를 보았다. 재개발(new development)을 시작할 즈음 Michael이 법대를 졸업하고 변호사로 재직하면서 법적인 도움을 주어서 모든 일이 순조롭게 진행되었다. Michael도 기억하리라 믿는다. 이 당시 나에게는 정석의 도움은 천군만마의 힘이 되었음을 그에게 꼭 알려 주고 싶다.

건축할 때도 역시 은행에서 대출을 받아 시작했는데 예상했던 것보다 건축비가 많이 들어가서 힘에 겨운 건축을 하였다. 건축업자들의 횡포와 특히 노동조합의 조합원을 고용하라는 압력을 받아 그들을 고용했는데 일반인보다 반 정도밖에 일하지 않으면서도 주급은 2배 정도 더 많게 받아 갔다. 그때 노동조합의 장점과 단점도 체험으로 배울 수 있었다.

건축은 뉴욕 한인사회의 지인 한인건설업자(general contractor)와 계약하여 시작했는데 그들은 언어 능력이 부족한 분들로 구성된 팀이어서 뉴욕시 주택국(NYC. Building Dept.)의 모든 일 즉 서류상으로 해결해야 할 일들은 나의 몫이었다. 내가 나서서 일을 처리해 줘야 다음 단계로 공사를 할 수 있었다. 계단을 한 계단씩 올라가듯 건축이 이루어졌다. 건축을 하는 중에도 여러 문제가 발생하여 지연되기 일쑤였고, 우리도 건설업자의 지연으로 약 5개월 후에나 완공할 수 있었다.

건물을 완공하고 나서도 Michael이 모든 법적인 수속과 상점 임대서류(store lease)를 직접 작성해준 덕에 수월하게 일이 진행되었다. 특히 Michael이 스타벅스(Starbucks coffee) 회사와 연결해서 세입자(tenant)로 데려왔고, 다른 전국적인 업체들을 세입자로 채우게 되었지. 금상첨화로 길 건너에 때를 맞춰 CVS약국과 시티은행(Citi Bank)까지 들어와서 영업을 시작하여 우리 건물을 중심으로 지역에 필요한 상업지역(shopping area)이 형성되었다.

From our new home on SI, we commuted across the Verrazano Bridge for about 3 years running our Carvel ice cream store in

Forest Ave.에 신축한 strip mall. 2003.

in Brooklyn. We were able to find a Carvel store on Staten Island near our new house. As we ran the Carvel, Diane and Mike helped us at the store a lot throughout high school. This store was a very important turning point for our family.

About five years after we bought the store, the landlord/owner died. A court dispute broke out between his descendants. In the course of the court battle, they decided to sell the property. Even though it was expensive, I decided that it would be in the best interest for our family and business to purchase the property and borrow money from the bank. The lease holder was the Carvel Corporation. The Carvel store was demolished with a maturity of one year left, and a new building was built in its place as a strip mall. Michael will remember all legal matters pertaining to the purchase and the building of the strip mall as he was the lawyer who handled the case. I would like to let my son Michael know that his help and his work was as powerful as the power of Heavenly Army.

We took out a construction loan from the bank and started the building of the store. The construction cost was high and we were over budget. It was a very difficult time. The builder and his workers were union members. I realized that they worked half as much but received twice as much weekly wages than nonunion workers. We started construction with a Korean-American contractor, who is an acquaintance of the

Korean American community in New York. I took care of all the building permits. Despite many setbacks and delays, we were able to complete the build in about 5 months. With the completion of the construction, Michael completed all the legal work and store leases himself, so all legal matters were solved really easily. Michael reached out to Starbucks coffee company headquarters and secured them as tenants. A CVS and CitiBank opened up across the street and a shopping area was formed around our building.

그 시기에 Diane은 Mt. Sinai Medical School을 졸업 후, 레지던트를 끝내고 콜럼비아대학교 병원에서 소아 심장 순환기 전공(Pediatric Cardiology Subspecialty) 교육을 받았다. 지금은 소아 심장내과 전문인으로서 합동으로 개업해 진료와 더불어 뉴욕 Columbia Medical School 부속 NY Presbyterian Medical Center에서 Assistant Professor로 근무하며 NJ Ramsey에 집을 신축하여 남편 용우와 사랑스런 외손자 상준과 상현이를 두고 행복하게 살고 있다.

정석은 Cornell대학교에 조기 입학(early decision)으로 합격하여 우리 가족에게 큰 기쁨을 안겨 주었다. 처음에는 의과대학으로 진학하려고 했었는데 대학 학생회장에 당선되고 나서 전국 대학생 연합회 등 많은 사람과 교류하면서 생각을 바꿔 법과대학으로 진학하였다. 법대 졸업 후 뉴욕시 대형 종합 법률 회사에 취직하였고, 그후 이직하여 약 500여 변호사가 근무하는 국제 종합 법률 회사 Fried Frank Harris Shriver & Jacobson 에서 근무하다가, 현재는 NY시의 대형 부동산 회사인

Durst Organization의 부사장 겸 General Legal Counsel로 근무하고 있다. NJ Demarest에 새 주택을 구입하여 며느리 은하(Bonnie)와 귀여운 장손녀 다은(Megan), 2018년에 태어난 다빈(Devin)이와 더불어 행복하게 살고 있어 우리 부부의 마음을 늘 즐겁게 해주고 있다.

대학 등록금은 부모의 책무라고 생각하였다. 힘은 들었지만 뒷받침해 줘야 한다는 생각으로 기꺼이 우리가 담당했다. 그러나 대학원 때는 일부나마 아이들에게 책임감도 교육시킬 겸 학자금 융자를 받도록 했다.

홍석(Matthew)은 뉴저지 럿트거대학교 생의학 석사학위를(NJ Rutgers State University Master of Biomedical Sciences) 취득한 후 로마 린다대학교 치과대학(Loma Linda University Dental College)에서 치과의사가 되기 위한 수련과 공부를 열심히 하고 나서 4개월 후 치과의사로서 사회의 일원이 되니 이 또한 감사한 일이다. 의술로 주님께 영광 돌리고, 그 성호를 높여 드리는 귀한 의료인이 되길 기도한다.

Our oldest child, Diane attended Mt. Sinai Medical School and then completed her residency training at Montefiore Medical Center in Pediatrics. After her residency, she completed her fellowship in Pediatric Cardiology at Columbia University. Now, as a specialist in pediatric cardiology, she started work at Morristown Memorial hospital and had a position as an Assistant Professor at the Children's Hospital of NY affiliated with Columbia Medical School in New York. Diane is married to my son-in-law Yong Woo and has 2 wonderful boys: Ryan and Timothy. They built a beautiful house in Ramsey, NJ.

Michael was admitted to Cornell University, an early decision, which brought great joy to the whole family. He was initially planning on going to medical school, but he was elected as a president of student government in CornelI university. This experience changed his career path as he enjoyed his interaction with the National University Association. He decided to attend law school instead. After graduating from St. John's Law school, he worked for a large general law firm in New York City, and then worked for Fried Frank International law firm. He has since moved on and is now Vice President and General Legal Counsel of the Durst Organization, a large real estate firm in NY City. He lives happily with our daughter-in-law, Bonnie. They have two beautiful daughters: Megan, and Devin.

It was not an easy task to pay off the college tuition loans that we took out. We felt it was our responsibility as parents, to help our children. However, we asked them both to take out loans for graduate school. We wanted them to educate themselves and learn the value of money, financial management and the responsibility of loan pay back.

After graduating from college and obtaining a Master of Biomedical Sciences degree from Rutgers State University of NJ, Matthew was admitted to Loma Linda University Dental College. We pray that he will glorify the Lord with his dental work and become a precious servant who raises Almighty God's name.

사회봉사 활동

Staten Island에서 Carvel 체인점을 운영하면서 우리 다음 세대인 나의 2세 및 후손들, 한민족 혈통을 가진 그들의 미래가 걱정되어 늘 내 머릿속을 떠나지 않고 있었다. 우리 세대가 지나간 후의 나의 자손들은 과연 자신들의 정체성에 대해 어찌 여기며 살게 될까?

그 당시 한인사회는 어차피 미국에서 살아가게 될 후손들이니만큼 하루 빨리 미국 사회라는 거대한 용광로 속으로 녹아들어야 한다는 용광로(melting pot) 의견과, 한국 혈통인만큼 최소한의 한국인 정체성을 지키면서 이 땅에서 후세들이 뿌리를 내려야 한다는 의견으로 대립각을 세우고 있던 시기였기에 더욱 고심하지 않을 수 없는 실정이었다. 나는 후자의 의견에 동조하는 측이었다. 미국에서는 영어만 잘하면 살아가는데 충분하다는 논리다. 하지만 앞으로 한국인 혈통을 이어받은 한인 2세, 3세들이 자신들의 정체성 문제로 혼란을 겪게 될 것이 예상되면서 매우 명료하게 생각을 정리할 수 있었다.

그래서 여름방학이 되면 남들은 여름 휴가 겸 여행을 갔지만 우리 부부는 영선이와 정석이를 매년 한국으로 보내곤 했다. 한국에 사는 사촌들과도 같이 지내면서 한국어도 익히고 친척의 의미와 한국 문화를 접하게 되는 계기가 될 것이기 때문이었다.

두 번째 한국 여행에서 돌아온 아이들이 우리 부부를 깜짝 놀라게 했는데 경어, 즉 존칭어를 썼기 때문이었다. 그래서 더 여름 휴가 때마다 매년 한국 체험 여행으로 고국을 방문시켰다.

우리 아이들이 한국에 도착할 즈음은 한국에서는 여름방학 전이어서 사촌들과 국민학교를 2~3주 같이 다녔다고 한다. 자연히 한국 학교에서 친구도 사귀고 한국의 교육도 체험하게 된 것이다. 우리 아이들에게서 영어를 배울 수 있다면서 오히려 선생님들이 우리 아이들 오기를 기다렸다는 말까지 들으면서 한국 체험 여행은 금상첨화였다. 그 덕에 지금 우리 자녀들이 미국 주류사회의 일원으로서 살고 있지만, 한국어를 구사할 수 있게 된 것이다.

While working in the Carvel franchise on Staten Island, I always struggled with the question of what the future of the second generation of Koreans growing up in America would be like. After our generation, how will our next generation of descendants think of themselves? At that time, the Korean-American society debated Whether our descendants should "melt" into the US or whether we should plant the seed and sow the roots of our children with Korean identity and being of Korean descent. I sided with those who argued for the latter opinion. With this in mind, Diane and Michael were sent to Korea during the summer to immerse themselves and live amongst their cousins to learn the language and the culture. Upon their return, from their second summer in Korea, we were so surprised that they were able to differentiate and use English and Korean separately. After the second trip, Diane and Michael were using honorific in conversation. Michael attended the last few weeks of school with his cousin. Michael made friends at his cousin's school and experienced Korean education; Michael's cousin's homeroom teacher was able to learn English from him. I enjoyed learning that the teachers waited anxiously for him to come. I am proud that my children are mainstream members of American society, who speak Korean and live in the United States.

한국인의 정체성을 우리 후세들에게 교육해야겠다는 생각이 늘 머리에서 떠나지 않고 있을 즈음이다. 스태튼 아일랜드 한인교회(The Korean Church of Staten Island)의 담임 정달빈 목사님께서 우리 집에 누차 심방을 오셨는데 우리에게 교회에 출석하라는 권면의 말씀을 하시곤 했다. 심방 오실 때마다 사모님께서 정성껏 시루떡까지 준비해 오셨다. 그 당시엔 시루떡은 매우 귀한 음식 중 하나였다. 한인사회에 방앗간 같은 시설이 미비했던 때이다. 차제에 교회에 출석하여 동포들의 의견도 들어보고 싶기도 했고, 정 목사님의 간곡하신 권면으로 교회에 등록하였다.

교회에 출석해보니, 교회는 그 당시 이민자들의 집합체였으며 아직은 자리가 잡히지 않아서 초대교회와 같은 느낌을 받았다. 한국에서 오시는 분이 있으면 서로 시간을 내서 공항 마중에서부터 가구와 침실 도구를 준비해 주고, 정착하도록 돕는 살맛 나는 아름다운 신앙공동체였다. 성탄절 행사로 가족 대항 찬송경연대회에서 Diane, Michael, 우리 부부가 합창하여 우리 집이 대상을 받기도 했다. 그때 Michael이 배운 태권도 시범을 보여 주었고, 성장하면서 기타를 배워 주일학교에서 연주도 했는데 기억하고 있겠지? 시간이 흐르면서 우리의 믿음도 조금씩 성장하여 갔다.

한인 학교를 설립하여 학교 운영에 도움을 주자는 몇몇 사람들과 생각이 결실을 맺어 '스태튼 아일랜드 한인학교(The Korean School of Staten Island, Inc.)'가 설립되었다. 이사회도 구성하고 국세청의 비영리 단체 교육 기관으로 등록하여 학사 운영의 묘를 살릴 수 있었다. 초대 교장으로 이명술 씨, 이사장으로 전상복 장로를 선임하여 학교를 열었다. 이사들은 각 교회에 배당되어 의무적으로 각 교회에서 참여하는 명실상부한 Staten Island 한인 지역사회에서 설립한 학교였다. 이민 초창기이기에 참여도가 매우 좋았고, 우리 후손들의 장래를 걱정하는 이민 1세들의 마음들이 한인 학교로 집결되었고, 학부모들의 자녀 교육열도 뜨거웠다.

Pastor Dalbin Jung was the head pastor at The Korean Church of Staten Island. He visited my house several times and invited us to attend the church. On his visits, his wife would accompany him and she would prepare delicious rice cakes for us. I decided to accept the invitation and attend the church. I eventually became a member of the church.

The church consisted of immigrants many new to the area and at the early stages of being a church. It was a wonderful community of faithful people who helped one another settle in this foreign land. We helped one another to put furniture in the house, provided rides to and from the airport. The church would hold family talent contests. One Christmas, our family won the grand prize as Diane, Michael, my wife and I performed a hymn. During that event Michael was learning Taekwondo and performed a demonstration on stage. When he was older, he learned to play the guitar and played at Sunday school. Do you remember, Michael? As time passed, our faith continued to grow.

During this time, I was preoccupied with the issue of educating the future generation about the identity of being Korean. I decided to start "The Korean School of Staten Island, Inc." It was established with a board of directors to help establish, structure and run the school. Being a member of the board taught me about the academic management of a school. The school was started with Lee Myung-sul as a principal and Elder Jeon Sang-bok as the chairman of the board. The role of director of the board was allocated to each Korean church. Each church was given opportunities to participate in shaping the school on behalf of the Staten Island Korean community. It concentrated on the teaching of the Korean language and culture.

직접 나의 손과 발로 노력하고 봉사해야 할 시기가 도래하여 내가 교장직을 맡았다. 교장으로서 학교 전반의 구석구석을 살피면서 학교 운영을 직접해 보니 힘은 들었지만, 대한의 후손들에게 한국인의 얼을 전수하는 교육 사업이었으니 즐거운 마음으로 봉사할 수 있었다.

그 당시 경숙 처제가 음악 담당 교사로 근무하는데 처제가 직접 작사, 작곡해 한인학교 교가도 만들어서 학생들에게 교가를 부르게 하면서 뿌듯한 마음을 갖고 봉사할 수 있었다. 학생수가 150여 명으로 늘어나니 학급 편성, 교사를 증원해야 하는 일 등등 참으로 뜻있고 보람 있는 시간을 보냈다.

영선이와 정석이도 한인학교에 등록하여 한국어를 배웠는데, 여름방학에는 한국의 고모 집에 보내어 한국의 여러 사촌과 함께 지내게 했다. 2년 연속으로 다녀와서는 존칭어를 쓰는 것을 보고 교육의 중요성을 더욱 더 느끼게 하는 계기가 되었다. 산 체험 교육의 소중함을 재삼 깨달았다.

다행히 그때 배운 한국어를 잊지 않아서 지금 자신들의 직장에서 이중 언어를 사용하면서 살고 있으니 이 또한 감사를 드린다.

교장직을 사임하고 이사회의 이사장 직분을 1989~1993년까지 맡게 되었다. 교장 시절 맺어 놓은 정치인들과 여러 미 주류사회의 인맥 덕분에 더 많은 일을 쉽게 할 수도 있었지. 특히 한국전 참전 용사들을 스태튼 아일랜드 한인의 밤(S.I. Korean Night Ball)에 매년 초청했다. 고마운 참전 용사들이 매년 $500 이상 학교에 후원해 주셨고, 그 고마움은 지금도 잊을 수 없다. 물론 UN군 이름으로 한국전쟁에 참전했지만 주전국(key role player)은 역시 미국이었고, 그분들이 흘린 피의 대가로 대한민국은 시장 경제 에 입각한 자유 민주주의 국가로 우뚝 서게 된 것이다.

더 나아가서는 세계 2차대전 후에 다른 나라의 경제 원조를 받던 나라 중에 한국이 유일하게 경제 부국으로 성장한 나라이다. 이렇게 성장하기까지 지속적으로 경제협력을 한 나라가 바로 미국이었다. 또한 오늘 우리가 미국에서 여러 좋은 여건을 누리며 자유롭게 살 수 있는 것도 한국전 참전용사들이 있었기에 가능했다는 감사함을 늘 잊지 않고 있다. 나의 모든 자손은 늘 이들의 감사함을 잊지 말고 가슴속 깊이 간직하며 살아가길 바란다.

봉사활동을 하다보니 뜻밖에 표창장을 받게 되는 경우도 있었다. 해외에 사는 교민들의 자녀들에게 한국인의 얼을 심어주는 교육에 봉사함에 감사하다는 대한민국 문교부 장관으로부터 감사장을 받은 적도 있었다.

Initially I volunteered and then eventually became the principal of the school. I felt that it was an honor and my duty to perform this task and I did so with a joyful heart. At that time, my sister-in-law Kyung-sook worked as a music teacher at the school. She composed and wrote the SI Korean school anthem. As the number of enrolled students increased to 130-150 members, I had the awesome time of arranging classrooms and hiring more teachers. Diane and Michael learned Korean by enrolling in the school, but I felt they learned more about Korea by spending their summers in Korea with an immersive experience. Fortunately, even to this day, they have not forgotten the Korean language and they use their bilingual tongue at their workplace which must benefit their lives.

The time came when I had to resign as principal and assume the role of Chairman of the board of directors from 1989 to 1993. That experience was very valuable and memorable. I appreciated my experience with the many politicians and the many members of our American community that helped our cause during that time. We made sure we made an effort to include the Korean War veterans in our events whom we treated as our V.I.P. I invited all veterans to join in our fundraiser at the Korean Night Ball every year; we appreciated that they raised more than $500 every year to the school. Although the American Veterans participated in the Korean War under the name of the UN, but we all felt that the key ally was the US Army. In gratitude we cannot forget that their blood was shed so that Korea could stand tall and as a free democratic Republic of Korea.

Many times, I humbly and unexpectedly received certificates and awards for serving the community. I received a letter of appreciation from the Minister of Education of the Republic of Korea; the letter stated that he was grateful for my promoting the education that instills the Korean spirit in the children living abroad.

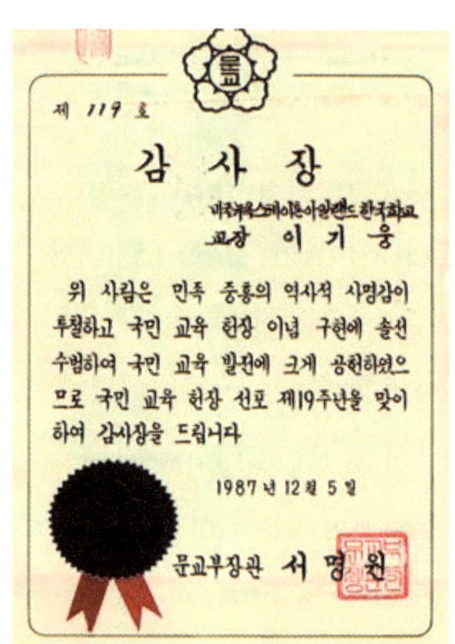
제 119 호

감 사 장

미국뉴욕스테이튼아일랜드 한국학교
교장 이 기 웅

위 사람은 민족 중흥의 역사적 사명감이 투철하고 국민 교육 헌장 이념 구현에 솔선 수범하여 국민 교육 발전에 크게 공헌하였으므로 국민 교육 헌장 선포 제19주년을 맞이하여 감사장을 드립니다

1987년 12월 5일

문교부장관 서 명 원

Certificate of Appreciation by Minister of Education, R.O.K.

The Korea Times Ne

한국학교 市정부 보조길 열어

S.I. 한인학교 7천弗 진흥기금 받아내 한글교육 활기예상

$7000 of Grant Award to S.I. Korean School for Cultural Diversity of Community.

학교 설립 2년 차가 되는 해부터는 학교운영 기금도 모금하고 동포들이 한자리에 모여 이국에서 구정의 의미도 같이 나누고, 이민 생활의 외로움과 노고도 서로 풀 수 있는 자리를 마련하고자 '스태튼 아일랜드 한인의 밤(The Korean Night Ball of Staten Island)'을 열었는데, 이는 한인학교 운영 기금모금 행사를 위한 뉴욕 한인사회의 최초의 행사 다.

첫해는 학부모들이 음식을 준비하여 학교 강당을 빌려 했다. 경비 절약을 위한 것이었지만 그때 한인사회에 그 많은 음식을 준비할 수 있는 식당이나 catering하는 사업체도 없었기 때문이었다. 모든 학부모가 즐거운 마음으로 동참했고, 이 행사가 거듭될수록 행사 참여도가 증가했다. 그래서 좀더 나은 방식의 '한인의 밤'을 열기 위해 catering hall에서 거행하기로 의견이 모아졌고, 내가 교장으로 있던 해부터 S.I. Hylan Blvd.에 있는 Shalimar Italy Catering Hall 전체를 계약하여

행사를 열었다.

그때 400여 명이 참석하여 대성황을 이루었고, 약 $30,000을 모금하는 쾌거를 이뤄냈다. 물론 생음악(live music)도 있었으며 그 당시 뉴욕에 거주하는 한국의 유명가수, 배우들까지 참석하여 흥을 더 돋궈 주었다. 소문이 뉴욕 한인사회에서 좋게 퍼지게 되었다. 매년 행사는 대성황을 이루었고 더불어 학교 운영 기금도 더 많이 모금하는 계기가 되었다.

지금도 '한인학교 기금모금 S.I. 한인의 밤' 행사가 계속되고 있다. 우리 한인들만의 행사가 아닌 미 주류 지역 사회의 중요인사들까지 초청하여 그분들과 교류하는 계기가 되고 있고, 특히 한국전 참전 용사들을 초청하여 그분들이 흘린 피와 희생에 늘 감사함을 드렸다. 오늘의 대한민국을 시장 경제에 입각한 자유 민주주의 나라로 우뚝 서게 해준 공로를 치하해 드렸다.

Starting in the second year of the fundraising ball, we started to raise funds to help run the school. "The Korean Night Ball of Staten Island "was the first of its kind in the Korean American community in New York to hold such a fundraising event on behalf of a Korean school. The fundraiser started as some parents preparing all the food and holding the event by renting out a school. At that time, there were no restaurants or catering halls that could prepare a banquet of Korean food.

As many parents participated with joy and the number of attendees increased every year, we decided to change the format of the fundraiser event and started using an American catering hall. We started to hold the event at The Shalimar Italian Catering Hall on Hylan Blvd. The evening was so successful with 400 attendees, raising about $30,000. There was live music, and famous actors and musicians living in NYC were invited and made the evening very exciting. During that period, the success of the school and the event was popular amongst the Korean community in New York; the annual event was a great success and the opportunity to raise the funds needed to keep the school running was awesome. This event continues to the present day. Not only is the Korean American community invited, but many important figures from different mainstream communities are invited to actively engage in this event. The Korean school continues to invite the remaining veterans of the Korean War to always thank them for their service and sacrifices they made. They graciously attend every year and raise a $500 donation to add to the Korean American school fund.

2016년 전 '제36회 스태튼 아일랜드 한인의 밤' 행사를 개최하기 에 앞서서 한인학교 졸업생들이 이미 미 주류사회에 진출하였기에 졸업생 중 한 명을 이 행사의 주 연사(key note speaker)로 초청하여 졸업생의 소감을 듣자는 의견이 나왔고, 첫 초청인사로 영선(Diane)이가 추천되었다. 그날 영선이가 '한인의 밤'에서 주 연사로서 그 소감과 장차 한인학교가 나가야 할 방향을 제시하는 영광을 안았다. 영선이의 부모로서 우리 부부는 교육의 값어치를 새삼 느끼게 해주는 즐거운 시간이었다.

한인학교 교장과 이사장으로 재직할 때부터 미 주류사회의 여러 인사와의 교류가 자연적으로 이어졌기에 이사장으로 재직 시에는 쉽게 업무를 수행할 수가 있었다. 특히 Staten Island Boro청과 미연방 국회의원들, 뉴욕 시의원들의 많은 협조를 받을 수 있었다.

S. I. Borough청장은 매년 한인학교에서 새 이민자를 돕는 English as Second Language 교육과 외국인을 위한 한국어 강좌에 매년 $3,000~$5,000의 후원금을 보내 주었다. 뉴욕주 하원의원인 Robert Strainnere로부터도 소수민족의 문화 예술이 이 나라를 더욱더 풍요롭게 만들어 주는 역할의 일환으로 약 $7,000의 후원금은 받게 되어 한인학교 운영이 한층 더 탄력을 받을 수 있었다.

그즈음 뉴욕 한인사회의 대표들로부터 한국 국적 비행기가 미국 내 다른 도시로의 출항을 막고 있으니 도와 달라는 전갈을 받았다. 그래서 S.I. 출신 미 연방하원 Guy Molinari 사무실이 있는 Washington DC.

ne's Speech at The Gala,
ean-American Association of S. I., 2016.

Borough President Guy V. Molinari, center, examines one of the turkeys that the Korean American Association of Staten Island is donating to needy families for Thanksgiving. Joining him at the Borough Hall ceremony in St. George are, from left, Sok Won Son, the Rev. Shin Keun Han, the Rev. John Kim, Walter Rhee, Han Song Na and Chung Soo Choi.

STATEN ISLAND ADVANCE • SATURDAY, NOVEMBER 19, 1994

Korean-Americans donate turkeys

Want to help needy for Thanksgiving

By DON GROSS
ADVANCE STAFF WRITER

A Korean-American organization yesterday plunged into the holiday spirit at Borough Hall, donating 200 turkeys to feed the disadvantaged next week.

Kie Woong Rhee of the Korean American Association of Staten Island noted the holiday has no roots in his own country.

"But we are no longer Koreans," he told Borough President Guy V. Molinari yesterday during a ceremony marking the donation. "We are now Korean-Americans. We have made this country our land."

This is the second year the association has donated food for the holidays.

The turkeys will be distributed through the Salvation Army, Project Hospitality, the Anna Erika Nursing Home, the Park Hill Tenants Association, the Cassidy-Coles and West Brighton senior centers and New Hope Community Church.

The Island's Rotary clubs, in the meantime, last night joined hands to prepare Thanksgiving gift baskets.

This is the 15th year the Rotarians have helped feed the needy.

The first year 30 baskets were distributed. Last year the number reached 1,000 and more than $15,000 was raised to conduct the effort.

Last night members of North Shore, South Shore, Mid-Island, Staten Island and Gateway Rotary clubs — about 150 members and their families — began the process of making up the packages and preparing them for delivery.

보로청장 Guy Molinari에게 Turkey 전달식, 신근안 목사, 김정식 목사, 이기웅 회장, 나한성, 손석완 부회장 (Donation of turkeys Ceremony to Boro President of S.I.,) 1994.

방문하였다. 그때 한국 항공 회사가 미국의 항공 회사와 항공사 간의 공동 운항(code sharing)을 하지 않아서 미국의 국익에 손실이 된다면서 승인할 수 없다는 답을 듣고 왔다.

About seven years ago, the SI Korean school Board decided to invite a Korean school graduate as a keynote speaker. Many of the early Korean school graduates have entered into mainstream of US society. Diane was invited as the Keynote speaker at the 36th Korean Night ball. She highlighted the importance of the Korean school, continuing the education of the future generation in the Korean language and culture. It was a fun night and it reminded me of the value of education.

As the principal of the Korean school, I met a large group of influential and important members of the Korean and American community. The relationships that I fostered allowed me to perform my duties as the Chairman of the Board successfully. I was able to continue my close relationship with influential members of the Staten Island Boro, US Representatives, and Senators of New York City and at the New York State level. The Korean school received grants worth $3,000 to $5000 annually from the President of the boro of S.I, for the Korean school. We were also able to add English as a second language class to help new immigrants learn English at the Korean schools every year. The Korean culture and arts were also supported by New York State Congressman Robert Strainnere. We were able to receive more than $7,000 in educational funds, which gave the school more momentum. As chairman, I remember the experience of visiting the office of Congressman Guy Molinari in Washington, D.C. with a message and plea from the S.I. Korean community asking for help in allowing Korean airlines to fly to more cities in the US.

뉴욕한인회 봉사

제22대 뉴욕한인회 부회장 취임(1992)

뉴욕한인회는 1940년대 초 뉴욕 근교의 유학생들을 중심으로 결성된 한인친목 단체로부터 시작되었다. 초기 뉴욕한인회는 일본으로부터 대한민국의 독립을 쟁취하는 일에 많은 기여를 한 단체였다. 그 당시 미국으로 유학을 온 조병옥 박사, 황인식 박사, 김활란 박사, 임영신 박사 등등이 주축이 되 결성된 한인회에 점점 회원이 늘어났는데 회원수가 많아지다보니 여러 문제가 대두되었고, 사회단체로 서서히 변모하게 되었다.

이제 뉴욕한인회는 동포들의 친목을 돈독히 하며 권익을 창출하는 비영리 사회봉사단체이기도 하다. 또 뉴욕과 뉴저지, 코네티컷 등 세 주에 거주하는 한인들의 권익 보장과 신장을 위해 일하고 있으며, 한국인의 고유문화 유산을 미 주류 사회에 알리는 데도 주력하고 있다. 이는 다민족이 모여 사는 미국사회인 만큼 문화가 다른 민족들이 서로를 이해하며 보다 살기 좋은 세상을 건설함에 일조하고자 하는 데도 목적을 두고 있다. 물론 뉴욕 총영사관에는 문화원에 파송된 영사가 있지만, 그들이 하는 일에는 한계가 있으니 이곳 미국에 사는 교민 각자가 한국을 대표하는 민간대사가 되어 한국을 소개하고, 소통하여서 이해를 증진하는 일들을 해야 되겠다. 바로 이 점이 의무는 아니지만, 미국 사회에서 최소한의 우리가 해야 될 일이라고 생각한다.

하나님께서는 우리 각자에게 남보다 다른 재능을 주셨기에 각자 자신에게 주어진 그 재능을 살려 더 나은 사회를 만드는 데 힘이 되어야지, 그 재능을 자신만을 위한 것으로만 쓴다면 그 소중함을 훼손하고 마는 것이다. 바로 이점이 나만이 아닌 우리 공동체 의식이 되는 거지. 하나님의 창조 섭리는 같이 모여서 합력하여 선을 이루길 바라는 마음으로 우리를 창조하셨다. 너 잘 났으니 너만 잘 먹고 잘살라고 우리를 창조하지 않았음을 늘 가슴속 깊이 간직하면서 매일 매일 살아가며 그 뜻을 되새겨야 할 줄 안다. 그런 생활 속에서 좀 더 나은 삶을 연구하고 추구, 개발해서 인간 삶의 양적, 질적인 발전에 공헌해야 한다고 늘 생각하며 살아야 한다. 나만, 내 것만을 챙기며 살다 보면 삶 자체가 매우 무미건조해지고, 주위에 가까이 지내는 친지가 없을 수밖에 없다. 그래서 우리는 같이 더불어 살아가는 세상을 만들어야 하는 것이다.

SERVING AS V.P. OF THE KOREAN-AMERICAN ASSOCIATION OF GREATER NEW YORK

The Korean American Association of Greater New York has been formed as a fellowship group for Koreans mainly based on international students living near New York in the early 1940s, when the Korean American community began to be started, and has contributed a lot to the achievement of the independence of

Korea. At that time, Dr. Byeong-ok Cho, Dr. Hwang In-soo, Dr. Kim Hwal-ran, and Dr. Lim Young-shin, who had been studying in the United States, were formed as a social group.

The Korean Association of New York promotes and enhances the rights and interests of Koreans living in New York, New Jersey and Connecticut three States, and informs the mainstream of Koreans of their own cultural heritage to build a better world where people of different cultures can easily understand each other. It was established as a non-profit community service organization that contributes to the community and strengthens fellowship among compatriots. Of course, there was a consular officer sent for the Cultural Center at the Consulate General of New York, but there are limitations of their work. This is not an obligation, but I think it is the least we should do in American society.

Since God gave each of us different talents than others, each of us should use their talents to help us make a better society. If that talent becomes a talent for ourselves, won't it be very worthwhile? This is not just me, but for whole community. God's providence of creation has created us with the desire to come together and work together to achieve better lives.

나는 미국에 와서 살면서도 나의 조국에 빚진 자 같은 심정으로 살아왔다. 우선은 부선망 단대독자(아버지를 여윈 외아들)였기에 2대 독자와 같은 경우여서 병역 면제의 특혜로 군복무를 하지 않았다. 그래서 친구들보다 3년 정도를 빨리 사회에 진출하였다. 또한 국민학교, 중·고등학교 특히 고등학교부터는 국비장학생으로 국비로 교육을 받았고, 대학과 대학원도 등록금의 상당 부분을 장학금으로 공부하였다. 졸업 후에 사회와 조국을 위해 쓰임을 받으며 봉사하려 했었다. 그런데 2년 정도의 고려대학교 전임강사로 교직에서 봉사하고는 미국으로 왔기에 늘 부담이 있었다.

이런 생각을 바탕으로 나는 김재택 한인회장을 도와서 대내 부회장직(1992~1993)을 맡아 한인사회를 위해 같이 봉사하게 되었다. 마침 브루클린의 청과상에서 한·흑 갈등의 씨앗으로 번지는 사건이 발생해 반한국 감정이 흑인사회에 팽배하고 있을 때였다. 한인사회가 미국 내에 자리매김하는 귀한 사역을 담당하는 일을 할 수 있는 기회여서 내 조국, 민족에게 그동안 못다 한 봉사를 이곳에서 하는 일도 그 뜻이 있기에 수락해 부회장직을 기꺼이 맡아 봉사를 하게 되었다.

김재택 한인회장이 당선되고 나서 대내 부회장직(1992~1993)을 맡아달라고 부탁을 해 와서 수락하고 취임한 것이었다.

뉴욕 한인회 임원의 하는 일은 다양하다. 한인회 운영 및 뉴욕에 거주하는 교민들을 위한 교민봉사 사업뿐만이 아니라, 한인회 소유의 회관 운영 및 관리, 이민 문제, 한인회 소속 한국대학 운영, 뉴욕 근교에 거주하는 교민들에게 일어나는 제반 문제들, 특히 이민 2세들이 미 주류사회에 뿌리를 내리도록 돕는 여러 사업, 시정부와 주정부 및 연방정부와 관계 개선, 그리고 한국과의 관계 등등 이루 헤아릴 수 없이 많았다. 즉 이민자들의 모든 문제 등을 한인회 차원에서 도울 수 있는 일들은 거의 다 맡아서 하는 셈이었다. 내 조국, 내 민족에게 그동안 못다 한

봉사를 한다는 생각으로 했기에 기쁜 마음으로 할 수 있었다. 한국대학 이사장직을 겸임, 봉사하였다.

뉴욕 한인회에서 봉사하다 보니 더욱 폭넓게 여러 사람과도 교류할 수 있었고, 무엇보다도 봉사의 진면목을 알게 되는 계기였다. '나만이 아니라 우리'라는 공동체 개념을 깊이 깨달았고, 내 인생에 많은 교훈을 받는 오히려 좋은 계기가 되었다. 그때 우리 한인회의 업적 중에 연방 국회의원 사무실에 여름 학생 인턴을 보내게 한 사업이 지금도 기억이 난다.

While living in the United States, I have always felt indebted to my home country of Korea. As the only son of a family with a deceased father, I received an exemption and did not have to serve in the military. I was able to enter society about three years earlier than my peers as they served their mandatory service term in the Korean military. In addition, I received state funded educational scholarships for primary, middle and high schools. I received scholarships for colleges and graduate schools as well. I felt the need to pay back Korea anyway that I could while living in the US. I began to get involved more in the community whenever I could. I joined Kim Jae-Taik, President of the KAA of New York, Inc. and served as the Vice President (1992~1993) of the association. It was during the time of racial conflict and increased tension in the NYC community. There were racial tensions between the Korean and Black communities in Brooklyn with the Korean owned green grocery stores. The tension led to a lot of anti-Korean sentiment in the black community. Along with the KAA of NY, I volunteered to help ease and fix the tension that was felt by working with both communities. This was the way that I felt that I could pay back my home country for the education that I was provided.

I worked not only with the management of the Korean American Association in New York but also undertook the service project for Korean residents in New York. I helped with the management of KAA owned real estate, immigration issues, and the managing of Korean university relations affiliated with the Korean American Association. I worked to help various problems that arose among Korean residents living in the suburbs of New York, immigration issues and helped to promote various projects that helped the second generation of Koreans take root in mainstream America. We worked to improve relations with the city, state and federal government.

스태튼 아일랜드 한인회장 취임

뉴욕한인회 부회장을 역임 후에 나는 1993년 이왕 봉사를 시작했으니 내가 살고 있고 내 자손들의 고향이 될 스태튼 아일랜드 한인회장으로 출마하기로 했다. 그동안 뉴욕한인회 부회장 시절 쌓은 경험을 바탕으로 회장 출마해서 당선까지 되었다(1993~1995).

한인회 회장이 되어 미 아세안 연합(Asian-American Coalition of Greater New York)이란 단체를 중국, 필리핀, 인도 및 파키스탄 단체

스태튼 아일랜드 한인회장 취임식에서. 모친, 처, 둘째 매형 정도근 장로, 정석
Inauguration Ceremony, the 5th President of Korean-American Association of Staten Island, Inc., 7. 20. 1993.

제 8708호 1993년 7월 23일 금요일

유권자 등록사업 적극추진

이기웅 SI한인회 5대회장 취임

20일 취임식서 다짐

중앙일보

들과 연합해 만들었는데 주목적은 이민자의 목소리를 결집해서 이민자의 권리 창출을 위한 대정부와의 문제 해결을 위한 것이었다.

스태튼 아일랜드 한인 Night Ball을 한인 학교가 아닌 스태튼 아일랜드 한인회 주최로 열어서 운영의 묘와 기금모금에 주력하도록 했다.

추수감사 절기에는 십시일반 교회와 교민들의 성금으로 터키를 구입해, Project Hospitality와 필요한 사람들에게 배분하고, 나중에는 Staten Island Borough Hall의 보로청장 Guy Moilinari(ex-US Congressman)에게 매해 추수감사 절기에 전달하기도 하였다.

세탁업을 하는 교민들의 도움을 받아 세탁된 옷을 수거해 필요한 분들에게 배분도 했으며, 특히 유권자 등록 운동을 뉴욕 한인사회에서는 최초로 시작하였으며, 선거일에 투표로 참여함으로써 미국 시민으로서 의무를 다하고, 한인사회 현안 문제점들을 정치인들과 해결하는데 투표권(voting power)를 행사할 수가 있었다.

주 하원의원이 주민에게 포상하는 '스태튼 아일랜드 영웅상(Hero of Staten Island)'을 N.Y. State Assemblyman, Robert Straniere로부터 받기도 했다. 내가 한인회장으로서 한인 학교를 통해 소수민족의 문화를 미 주류사회에 접목하여서 지역사회를 더욱 풍요롭게 했고, 한인사회를 지역사회와 융화시켜서 삶의 질과 지역사회(community)를 다민족이 융화되는 일을 선도적으로 이끌었다며 주는 상이다.

INAUGURATION OF PRESIDENT OF KOREAN-AMERICAN ASSOCIATION OF S.I.

After serving as the vice president of the Korean American Association of New York, I decided to run and was elected to serve as the President of the Korean–American Association of Staten Island. Later, the Asian–American Coalition of Greater New York was formed to include groups from China, the Philippines, India and Pakistan. The purpose was to gather the collective voices of Asian immigrants and work together

(2) 제8702호 1993년 7월 16일 금요일 中 央 日

투표권 있어야 대접받는다

스태튼아일랜드 한인회 유권자등록 캠페인

스태튼아일랜드(SI) 한인회가 지역교포들을 대상으로 본격적인 유권자 등록 캠페인에 나섰다.

SI 한인회는 오는 11월 선거를 앞두고 한인유권자 등록이 교포들의 권익과 정치력 신장에 직결된다는 인식 아래 이번 선거를 위한 유권자 등록 마감일인 10월4일까지 우선 1천명을 목표로 캠페인을 벌여 나가기로 했다.

지난 13일, SI 한인회는 이러한 내용을 골자로 역점사업안을 마련, 이사회에 제출해 승인을 받음으로써 이를 [illegible] 추진할 계획이다.

리치몬드 애브뉴 선상의 SI 호텔에서 열린 이날 이사회에서 이기웅회장은 자신의 임기 기간중인 94년까지 2천명 한인유권자 등록을 반드시 실현시키겠다고 밝힌 뒤 이후에도 꾸준히 이 사업을 추진해 96년 뉴욕시 교육위원선거때 SI 31학군에서 2명 이상의 한인교육위원을 배출하자고 강조했다.

이에 앞서 지난 5월28일 출범한 제5대 SI 한인회 집행부는 6월8일 SI지역 교역자협의회(회장 김보일목사)와 연합회의를 열어 교계에서도 이번 캠페인에 적극 동참한다는 약속을 받아낸 바 있으며 21일에는 유권자등록 특별위원회를 구성하기도 했다.

13일 열린 이사회에서는 또 임기 2년의 이사장단을 선출하고 집행부 임원을 인준했다.

신임이사장에는 김웅길, 또 부이사장에는 최성욱, 정하율, 감사 유성종씨가 각각 경선없이 만장일치로 선출됐다.

한편 이날 이사회에서 인준된 집행부 임원명단은 아래와 같다.

▲수석부회장 김연식 ▲대내담당 부회장 이인식 ▲대외담당 부회장 윤성우 ▲사무총장 이재용 ▲유권자등록위원장 박갑손 ▲복지위원장 이용찬 ▲교육문화위원장 곽철자 ▲대정부교섭위원장 수지 바이렐 ▲특별사업위원장 김명철 ▲경찰자문위원장 김현기 ▲체육위원장 홍명희

투표의 중요성 (Campaign of Voters registration, Central Daily News, NY.)

primarily to work with the government and to find ways to foster immigrant rights.

The Korean Night Ball of Staten Island was later hosted by the Korean Association of SI to more efficiently manage the event and raise funds. During the Thanksgiving season, frozen turkeys were purchased with donations from the local churches and Korean community to be donated to Project Hospitality for distribution to those in need. With the help of the many Korean business owners in the laundry and dry-cleaning industry, we arranged for unclaimed clothes to be collected and distributed to those in need. To promote our civic duty and to increase the Korean American presence in the community, we started a voter registration campaign to increase and enrolled more Korean American voters in New York. I was able to use the voting power available to us to work with politicians in working out the issues facing the Korean Americans in NYC.

한국아동복리회 미주후원회 회장
(President of Korean Friends of SAVE THE CHILDREN)

스태튼 아일랜드 한인교회에서 신앙생활을 같이한 친구 정병돈 권사님의 권유로 '한국 아동복리회 미주후원회'를 설립해 초대회장엔 정병돈 권사님이 그리고 제2대 회장직(1988~1992)을 맡게 되었다. 옛날 6·25한국전쟁 후 그 참담했던 시절에 겪었던 기억이 있었기에 시작한 것이다.

5살 때 한국전쟁이 일어났는데 나는 국민학교 4학년까지 공주 중동국민학교를 다니다가 서울로 이사하여 남대문국민학교로 다시 4학년이 되어 전학하였다. 전쟁 직후여서 5학년에는 학생이 너무 많아서 4학년으로 전학해야만 했다. 전쟁 직후라 정치, 경제, 사회 전반적으로 불안정한 시기였으며, 전쟁 후 생필품의 부족으로 많은 고생을 하는 생활이었다. 그 당시 국제연합 교육 과학 문화기구에서 보내 주는 원조물 분유를 끓여서 점심시간에 초등학교 전교생들에게 공급해 주어서 허기를 메꿀 수 있었다.

UNESCO 산하에 아동구호기구(SAVE THE CHILDREN)라는 사회 아동복지기관이 있는데 전쟁으로 폐허가 된 한국의 아동 복리사업에 많은 도움을 준 사회사업 기관이기에 그 감사함을 조금이나마 갚으려는 심정으로 회장을 맡았다. 하는 사업이 기금모금을 하여 내 조국의 결식아동이나 수인성 질환으로 인한 아동들의 사망률 감소 사업을 하는 한국아동복리회(Save the children, Korea 회장, 최영희 장군)에 도움을 주는 일을 하였다. 한국아동복리회는 최영희 장군께서 회장직을 맡아 수고하셨는데, 한 해는 이곳에서 준비하는 기금모금 골프대회(golf outing)에 한국 아동복리회의 사무총장께서도 격려차 참석할 정도로 돈독한 관계를 맺으면서 운영을 했다. 고국 방문 때 최영희 회장님의 배려로 같이 golf도 칠 수 있었고, 협회 차원을 넘어 인간적으로 더 가까이 교제를 나눌 수 있었다. 그분은 우리 국가와 사회에 좋은 사업을 많이 하신 어른이었다.

PRESIDENT OF KOREAN FRIENDS OF SAVE THE CHILDREN

My longtime friend CHUNG Byung Don started the "Korean Friends of Save the Children." From 1988 to 1992, I served as the second president of the organization. This organization was important to me as I remembered those terrible days after the Korean war. I recall as a youth that immediately after the war, Korea was thrown into a period of political, economic and social instability. At that time, powdered milk was brought to the primary school as a nutritional supplement to all students at lunch time to fill hunger by the Korean Save The Children. During the 1980's, The Korean Save the Children was managed by General Choi Young-Hi. The secretary general of the Korean

Save The Children invited and encouraged me to participate in a golf fundraising tournament in the US. When I visited Korea, I was able to play a round of golf together with the Chairman General CHoi Young-Hee. I was able to get to know him on a personal level and I regard him as a person who did a lot of good for our country and society.

감 사 패

1990년 2월 15일

한국아동복리회 뉴욕후원회
회장 이 기 웅

귀하께서는 본회가 실시하고 있는 사업에 많은 후원을 하시어 한국의 낙후된 농촌 및 도시영세민 지역 아동과 부녀자들의 복지를 증진시키는데 기여하신 공로가 지대하므로 본인은 본회를 대표하여 그 공로를 찬양하며 이에 감사패를 드립니다.

사단법인 한국지역사회복리회
회장 최 영 희

APPRECIATION PLAQUE

February 15, 1990

CHAIRMAN KIEWOONG RHEE

KOREAN FRIENDS OF THE SAVE THE CHILDREN

IN RECOGNITION OF THE WARM HEARTED SUPPORT YOU HAVE MADE TO OUR PROGRAM FOR THE WELFARE OF THE UNDERPRIVILEGED RURAL AND URBAN WOMEN AND CHILDREN IN KOREA, I, ON BEHALF OF THE AGENCY, OFFER YOU THIS APPRECIATION PLAQUE AS A TOKEN OF OUR GRATITUDE.

YOUNG-HI CHOI
PRESIDENT
KOREA SAVE THE CHILDREN
COMMUNITY DEVELOPMENT FED. INC.

제24대 뉴욕 한인회 수석 부회장 취임(5. 1995~4. 1997)

Inauguration of Senior V.P. of the 24th Korean-American Association of Greater New York, Inc.(5. 1995~4. 1997)

지난 10여 년을 한인사회 봉사를 거듭하다 보니 사회봉사 단체의 운영의 묘를 기할 수 있을 것 같았다. 주위의 여러 친지의 권유도 있어서 뉴욕한인회장에 입후보하려고 각 지역 교민들의 여론을 수렴하는 중에 뉴욕 한인사회가 여러 갈래로 분열되어 있음을 알게 되었다.

전임 회장 선거 때 좋지 못한 결과로 법원에 고소 사건이 있었는데 현 회장의 사임을 요구하는 분들이 있는 시기였다.

전임 한인회장들과 여러 단체장의 의견을 취합해 보니 한인사회를 더 분열시킬 우려가 있는 과열된 선거를 좋지 않게 보는 의견들이 많았다. 분열시킬 경쟁 선거보다는 입후보자 단일화로 이 선거를 치르는 게 한인사회를 위하는 길이라고 판단이 되었다. 그래서 유력 한인회장 입후보자들이 모여 논의한 결과 연세가 더 많은 이정화 씨를 회장, 나를 수석부회장으로 하여 단일화하기로 결정을 보았다. 치열한 선거 없이 당선이 된 것이다. 단 회장이 뉴욕한인회 운영 경비를 조달하고 수석부회장인 나는 한인회 운영을 전담하기로 하여 단일화를 이룰 수 있었다.

수석 부회장으로서 업무를 시작했는데 예상한 대로 운영 기금이 전무하고, 업무 전반에 걸쳐 손봐야 하고 처리할 일들이 산더미처럼 누적되어 있었다. 특히 뉴욕 교민 사회의 헌금으로 구입한 한인회관의 운영이 말로 형용할 수 없도록 부실했는데 세입자 중 월세 체납자가 많았고,

뉴욕시의 부동산 세금의 연체가 많았다. 건물도 노후되어 보수해야 할 곳이 많아서 참으로 고생스러웠다. 회장은 물론 나와 더불어 대내 임무산 부회장, 대외 담당 유창헌 부회장이 매일 상근하며 업무를 처리하면서 정상화시키려고 심혈을 기울였다. 한인회 역사상 부회장들이 상근하면서 봉사한 것은 24대 한인회가 유일무이했다. 전반기 이사회 의장은 배승유 씨가 맡아 수고를 하였다. 함께 수고한 그분들께 감사의 인사를 드리고자 한다. 뜻 있는 교민들이 종종 한인회를 방문해 자신들의 사업체를 접어 두고 봉사한다고 후한 대접을 해줘 봉사의 기쁨도 맛보았다.

그때 아내 혼자서 2개의 Carvel stores와 Dry Cleaning store까지 맡아서 각각 지배인을 두고 운영했다. 아침에 홍석이를 학교에 데려다주고, 가게 3곳을 돌아다니다 보면 하루가 어떻게 흘러갔는지 모른다 고 하였다. 아내는 농담으로 roller skate를 타는 속도로 가게를 돌아봤다고 이야기하곤 했다. 물론 가게의 사무는 내가 처리했다. 그때 아내가 집안에 3명의 대학생을 키우느라 수입금이 전부 학자금으로 지출된다는 우스갯소리를 하곤 하였다.

뉴욕한인회의 자리가 조금씩 잡혀감으로 회관 관리위원장에게 운영과 수리를 일임하고, 특별사업위원회를 두어 소수민족이 정부의 발주사업에 신청하여 사업권을 받도록 도왔으며, 한국 대학을 운영해 미국 이민사회에 도움을 주었다.

연방 국회의원 사무실에서 여름 intern 수습할 수 있도록 알선하는 일도 했다. 또 매년 뉴욕의 6번가(Avenue of America)에서 열리는 Korean Parade는 좀 더 한국을 알릴 수 있는 Theme로 잡아 한국 방송공사에서 특별 궁중의상과 병사들의 옛날 군복을 대여하여 Parade에 참여시켜 뉴욕 시민들에게 한국의 얼을 보여 주기도 했다. 마침 1988년에 World Cups 축구 경기가 한국에서 개최되어서 이 경기도 선전하는 좋은 기회로 만들었다. 다행히 지인 중에 한국방송공사에 근무하던 홍금표 사장의 도움이 있어서 대여해 사용하였다. 또한 전반기 이사님들의 이사 임명장을 한국에서 plastic crystal으로 제작해 와서 수여하였다.

임기 중에 카자흐스탄 한인회장의 방문도 있었다. 한식을 대접했는데 맛이 있다는 평을 누누이 하고 돌아갔다.

광복 50주년 기념음악회 개최 (Concert of commemoration of the 50th Liberation Day, ROK.,) 1995.

제24대 뉴욕한인회 회장단 취임, 이기웅 수석부회장, 뉴욕 총영사관 이현홍 대사, 이정화 회장(Inauguration as Sr. Vice-President Of Korean-Am. Association of Greater New York.) 1995.

앨리스 아일랜드 메달 수상
(Ellis Island Medal of Honor Laureate)

미국은 이민자들로 구성된 나라이다. 그래서 이민 정책이 국정의 매우 중요한 부분을 차지하고 있는데 이민자 중에서 미국 건설에 일조한 이민자를 선정해 매년 'Ellis Island Medal of Honor' 수여를 해 오고 있다.

뉴욕시의 교육국에 근무하는 Silvia Olivetti 씨께서 나를 추천하여 1987년도에 영예로운 메달을 수상하다. 시상은 뉴욕 항구의 입구, 자유의 여신상 옆의 Ellis Island에서 약 500여 명이 참석하는 가운데 거행되었다. 한국인으로 이다옥 씨가 함께 수상하였다. 거대한 식장을 꽉 채운 참으로 기억에 오래 남을 시상식이었지. 이 메달을 받은 이민자는 연방의회(US House of Representative)에서 매년 받은 포상자를 호명하고 연방의회 회의록에도 기록된다.

Ellis Island에서 Banquet 형식으로 진행된 이 날 수상식에는 아내와 정석, 친구인 방준재 박사(M.D.)와 권극중 목사님이 참석해 축하해 주셨다.

이 날 뉴욕 주지사 Honorable Pataki, 중동전쟁의 영웅인 General Schwarzkopf도 같이 메달을 받았다.

KICK-OFF COCKTAIL PARTY

An enthusiastic crowd gathered at NECO's Kick-off Cocktail Party to hear Chairman William Denis Fugazy announce the first round of Ellis Island Medals of Honor recipients.

f this year's medalists were on hand for the event which was hosted by Equitable Life Assurance Society.

ugazy introduced some of the corporate heads and community leaders that were also in attendance.

Chairman William Denis Fugazy announcing Ellis Island Medals of Honor recipients.

unity leader John Catsimatidis flanked by r. Hugo Morales, Director of Bronx Medical ter and his wife.

Left to Right: Medalist & Mrs. Samuel DiPiazza, Jr. Coopers & Lybrand; Howard Rubenstein, and NECO President Tonio Burgo

스 아일랜드 이민자 메달 수상: 정석, 권극중 목사(Medal of or, Ellis Island, 1996; Michael, myself, Rev. KC Kwon.) 1996.

Ellis Island Medal of Honor Laureate

The Ellis Island Medal of Honor is awarded to immigrants who helped build the United States. I was nominated by Silvia Olivetti, who works for the Department of Education and Housing dept in NYC for this award. I was honored with this medal in 1996. The award ceremony was held at the entrance to the New York Harbor, on Ellis Island. The ceremony took place on Ellis Island, next to the Statue of Liberty, with about 500 people in attendance. Lee Da-ok was a fellow Korean American who won the award with me. It was truly a memorable award ceremony that filled the huge venue. Recipients of this medal were recorded in the minutes of the Congressional Assembly during the announcement of the annual awards received in the US House of Representative in Washington, D.C. The award ceremony held in Banquet format on Ellis Island was attended by my beloved wife, Michael, Diane, my friend Bang joon-jae, M.D. and Pastor Kwon Kuk-joong. On that day, New York Governor Pataki and General Schwarzkopf, hero of the Middle East War, also received medals.

Channel 13 한인후원회

Brooklyn Park Slope에 한인 최초로 내과의사 사무실을 개업하고, 늘 참신한 생각과 애국심으로 일생을 사는 나의 좋은 친구 방준재(Joon Jae Bang, MD) 박사님이 하루는 나를 찾아왔다.

한인사회가 미 주류사회로 진입하는 길은 언론 매체와 관계 개선이 먼저라면서 'WNET Ch 13 한인 후원회(Korean-American Friends of Ch.13)'를 결성하여 미력하나마 우리가 돕다 보면 언젠가는 우리 한인 사회에 힘을 얻게 되지 않겠냐면서 진지하게 제안하여 조직하게 되었다.

먼저 Friends of Ch.13의 사무총장 Mrs. Dorothy Pacella를 만나 제안하니 많은 소수 민족들이 도와주길 바란다며 감사를 표해 주었다.

매년 모금을 위한 Golf Outing을 개최함으로 많은 교민들의 후원금을 모금해 보낼 수 있었다.

몇 년간 계속하여 후원하니 마침 WNET Ch.13에서 '한국인의 얼(Spirits of Korean-Americans)'이라는 기록물(documentary)를 제작하여 방영해 주었다. 이 다큐멘터리가 뉴욕뿐만 아니라 미 전국의 WNET 방송망을 통해 방영되어 미 주류사회에 한국인을 알리는 좋은 계기가 되었다. 이 또한 우리의 힘으로 된 것이 아니고, 절대자이신 하나님 손길의 도움이 있었기에 우리가 부탁도 하지 않은 미국 속의 '한인사회'에 큰 축복을 주신 것 아니겠는가.

이 다큐멘터리가 내가 WNET Ch 13 한인후원회 회장으로 있을 때 방영되었는데, 방영 후 그 당시 한인사회에 새로운 기풍이 조성되었고, 나는 비록 언어와 문화, 풍습이 다른 여러 민족이 어울려 서로 융합하면 "합력하여 선을 이루니라"고 하신 주님의 복음이 실천됨을 경험도 하였다.

모금을 위한 Golf Outing은 방준재 전 회장이 선수금을 미리 대체해 줘서 River Vale Country Club, N.J.에서 진행할 수 있었다. 방준재 박사의 적극적인 지원에 다시 한번 감사드린다. 경기를 마친 친지들은 오늘 모임이 즐겁고 뜻있는 자리였다면서, 친근한 분들 중심으로 음료수 파티를 벌이며 유쾌한 이야기꽃을 피우는 모습에, 앞장서서 일하는 보람을 느낄 수 있었지만 나의 체력이 전같지 않았다.

그 순간 나 자신이 노쇠해졌음을 느끼게 해 주시는 절대자 하나님의 계시라는 생각이 들었다. 그 후 나는 한인사회의 마지막 봉사로 결심하고는 단체장을 맞지 않고, 민주 평화통일 해외 자문 위원으로서 만 몇 해 더 하였다. 절친 방준재 박사의 희생과 심혈로 이 단체는 오늘도 이 땅 위에 한인의 얼을 심고 끊임없이 지속적으로 이어 나갈 것이다.

WNET Ch.13 감사패 (Appreciation Plaque_ WNET Ch.13)

PRESIDENT OF KOREAN-AMERICAN FRIENDS OF CH. 13

My friend, Bang Joon Jae, MD, who opened the first Korean–American physician's office in Brooklyn's Park Slope always had many ideas on fostering patriotism. He speculated that improvement between the relations with the American media with the Korean community should be fostered and with this in mind, "WNET Ch 13 Korean–American Friends of Ch.13" was created. We worked with Dorothy Pacella, secretary general of friends of Ch. 13 to foster a working relationship. We held the Golf Outing for Ch. 13 with the help and participation of many Koreans. The golf outing for the fundraising event was held at the Rivervale Country Club, NJ. The former chairman Dr. Bang Joon–Jae used his own money for the deposit. From the proceeds of the outing, I prepared and had been holding the money to repay Dr. Bang. In the meantime, several participants who ended their game invited me to have a drink with them. I had a drink with them. I left the envelope with the money to reimburse Dr. Bang on the table prior to getting up. I left the table to go to the bathroom and upon my return, it disappeared. It left my eye sight for a few minutes and it was gone. I felt defeated and felt that it was a sign from the Almighty God who made me feel old, and that I was done with my community service. I decided that this was the last service I could do for the Korean American community. With the sacrifices and heartfelt blood of my best friend, Dr. Joon-Jae Bang, the group has continued to plant Koreans on the ground today and continue its tasks endlessly.

A few years after the start of this relationship and fundraising, WNET Ch. 13 produced and aired a documentary called "The Spirit of Koreans." It was a good public relations opportunity to promote the Korean community's contribution to American society to mainstream Americans by airing it through the WNET public broadcasting network locally in New York and also across the US. This success, too, was not made by our own strength, but was given to us as a great blessing by the Grace of God.

3장

나의 신앙과 성지순례

신앙생활

1978년은 나의 인생의 크나큰 변화와 삶의 전환점을 안겨준 잊어서는 안 될 해다. 정달빈 목사님의 인도로 미연합감리교 교인으로 신앙생활을 시작한 지 벌써 40여 년이 지나고, 오늘의 나의 자화상을 되돌아봄으로 앞으로 남은 삶, 신앙인이로서 나의 자세와 삶을 통해 주님이 기뻐하시는 주님 나라 확장과 더불어 주님의 성호를 더 높여 드리는 일에 쓰임받는 삶이 되길 오늘도 기도드린다.

미연합감리교회의 소속 교회인 스태튼 아일랜드 한인교회에서 내 인생의 황금기의 삶을 보낼 수 있어 감사드리며, 교회 내의 여러 어려움을 통해 용광로에서 달궈진 쇠처럼 녹여지며, 다져지고 성숙된 신앙인으로 세워 주시고 주님의 일꾼이며 파수꾼으로 사용해 주셨음에 감사드린다.

WITH LIVING IN GOD'S BLESSINGS

The year 1978 was one that I will never forget and the year that is a turning point in my life. Under the guidance of Rev. DalBin Chung, I started my life of faith as a United Methodist church member. In addition, I pray today that my life will be used for the name of the Lord. I am grateful for having spent the golden age of my life at the Korean United Methodist Church of Staten Island. Lord, I am your servant and thank you for using me as a vessel to do your work.

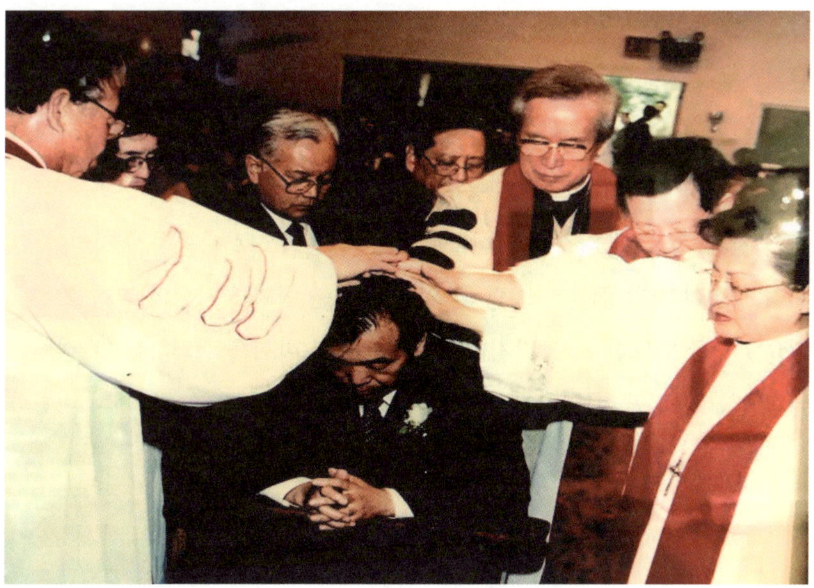

시무 장로 안수식 (Elder Ordination, Korean United Methodist Church of S.I.,) 5. 23. 1999.

시무장로 피택과 장로 임직

신앙인으로서 시간이 흘러서 마침내 1999년에는 Staten Island 한인 교회 시무장로로 피택을 받게 되어 주의 종으로서의 어깨가 무거워졌다. 장로로서 마음과 정성을 다해 충복스럽고 충성스레 막중한 하나님 사업과 사역들을 담임목사님을 도와 담당하였다. 장로 안수와 임직식은 새로 구입, 개축한 Main Street의 새 성전에서 김명재 장로, 변기수 장로님과 같이 받았다.

"곧 사람이 감독의 직분을 얻으려 함은 선한 일을 사모하는 것이라 함이라. 그러므로 감독은 책망할 것이 없으며 한 아내의 남편이 되며 절제하며 신중하며 단정하며 나그네를 대접하며 가르치기를 잘하며 술을 즐기지 아니하며 구타하지 아니하며 오직 관용하며 다투지 아니하며 돈을 사랑하지 아니하며 자기 집을 잘 다스려 자녀들로 모든 공손함으로 복종하게 자라야 할지며(사람이 자기 집을 다스릴 줄 알지 못하면 어찌 하나님의 교회를 돌보리요.) 새로 입교한 자도 말지니 교만하여져서 마귀를 정죄하는 그 정죄에 빠질까 함이요. 또한 외인에게서도 선한 증거를 얻은 자라야 할지니 비방과 올무에 빠질까 염려하라."(딤후 3:1-7)

위에 주신 성경 말씀을 거울삼아 성경 말씀 위에 올바로 서서 쓰임받는 일꾼이 되리라는 소명감으로 교회 일들을 담당하였다.

THE ORDINATION OF ELDER

I was elected to be an Elder at the Korean Church on Staten Island in 1999. Since then, I've felt a responsibility and a burden to act as a servant of the Lord. The ordination of elders took place in our new church building on Main Street that was newly purchased and renovated. On May 23, 1999, Senior Pastor Jeong-Sik Kim, Bishop Hae-Jong Kim, Rev. Jung-Soon Jang, Rev. Paul Chul-Woo Chang, Rev. Soon-Jong Park, Rev. Hak-Hee Nam, Rev. Geun-An Shin and Rev. Constance Pak, etc. Pastor SukJin Jang was present to participate in the ceremony. My mother, my older sister and brother-in-law, who were visiting from Korea were all in attendance. In 2006, after serving as the Lay leader of the church, the president of the United Methodist Men's group, finance chairman of the church building construction committee, the chairman of church finances, and the chairman of the church board faithfully, I had to resign from the positions as I moved to NJ.

At that time, I had prioritized my church duties over my work duties at our stores. My wife managed the businesses and under her management the businesses prospered with the grace and blessings of the Lord, I am once again thankful. Since I lived my whole life working and struggling as a first-generation immigrant, at 62 years old, physically and mentally tired, I decided to retire and my nephew took over the Carvel store. After retirement, we had moved to a duplex in Palisades Park, N.J. on one side and Michael lived on the other. Michael got married to Bonnie and had Megan Dawn and Devin.

1999년 5월 23일 김정식 담임목사, 김해종 감독, 장로 고시 및 심사위원장 장정순 목사, 장철우 목사, 남학희 목사, 박순종 목사, 신근안 목사 및 Constance Pak 목사님 등이 장로 안수를 해 주셨으며, 타 교단인 뉴욕성결교회의 장석진 목사님께서도 참석하여 축하해 주셨다.

지금은 고인이 되신 어머님께서 건강한 몸으로 참석하셨고, 둘째 매형 정도근 장로님과 정자 누님이 마침 뉴욕을 방문 중이어서 참석하여 축하해 주셨다.

교회의 속장, 남선교회 회장, 교회 건축위원회 재무위원장, 교회 재정위원장, 재단 이사장, 평신도 대표를 역임한 후 2006년 평신도 대표직과 사무장로직을 사임하고 NJ로 이사를 하게 되었다.

나의 일보다는 교회 일을 우선으로 생각하며 봉사하다 보니 사업체 운영 은 아내가 홀로 운영하였는데 사업은 주님의 크신 은혜와 축복으로 날로 번창해 갔다. 감사함을 다시 드리고자 한다.

부지런히 이민 1세의 삶을 살다 보니 어느덧 내 나이 62이 되었으며 육체적, 심리적으로 너무 피곤해 남은 삶은 쉬면서 다른 좋은 일을 하겠다는 심정으로 S.I.의 Carvel 연세점를 성기(Francis)에게 인수시키고 우리 부부는 은퇴하였다.

은퇴하여 우리는 Palisades Park의 duplex로 이사했는데 한쪽은 우리가 살고, 다른 한쪽은 정석이가 살다가 그곳에서 은하(Bonnie)와 혼인을 하였다. 2011년 2월 8일, 내 생애 첫 친손녀 다은(Megan Dawn)이가 NY Cornell Medical Center에서 탄생하였다. 손녀가 성장하는 모습을 옆에서 지켜보며 삶의 보람을 느끼며 생활하고 있다. 또한 둘째 '다빈'이를 이 세상에 보내 주셔서 청순한 용모로 밝은 미소를 선사해 주며 자라나는 과정을 보는 것만으로도 삶의 기쁨을 맛보며 오늘도 감사함을 드린다.

On May 23, 1999, Senior Pastor Jeong-Sik Kim, Bishop Hae-Jong Kim, Pastor Jung-Soon Jang, Pastor Paul Chul-Woo Jang, Pastor Soon-Jong Park, Pastor Geun-Ahn Shin and Pastor Constance Pak, etc. Pastor SukJin Jang also attended and celebrated with blessings.

My deceased mother attended with a healthy body, and the second bros-in-law elder Do-Geun Chung and Jeong Ja(sister) were visiting New York, and congratulated me. my deceased mother attended with a healthy, and the second bro-in-law Elder DoGeun Chung and Jeong Ja(sister) were came to blessing me while visiting in New York.

After serving as the head of the church, the president of the United Men's, the vice-chair of the church building construction committee and the chairman of the church finances, the chairman of the church board, and lay leader of church served with faithfully, I have resigned from the positions of the lay leader and the office of elder, and moved to NJ in 2006.

Since I put the church work as a top priority rather than my work and have volunteered, your mom managed the business alone, but the business has prospered day by day with a great grace and blessings of the Lord, so I am thankful again.

As I have been lived the life of the first immigrant diligently, I became 62, and I was so tired physically and psychologically that I let Francis to take over the Carvel store of SI. and have retired.

After retirement, we had moved to a duplex in Palisades

Park, N.J. where we've been lived, and Michael on the other, married Bonnie there, and Megan Dawn, my first princess in our family, was born on February 8, 2010 at Cornell Medical Center, NY. We've been lived with a feeling of the rewards of life while watching her in growing up. In addition, God has sent "Devin" to this world, giving us a big bright smile with her innocent appearance, and living with the joy of life just by watching the process of growing up.

스태튼 아일랜드 한인 교회당 건축

스태튼 아일랜드 한인교회 전경 (Korean United Methodist Church of S. I.,) 2019.

S.I. 한인교회는 Forest Avenue에 위치한 Christ United Methodist Church의 시설을 공유 상조(sharing ministry) 형식으로 건물을 같이 사용했는데 미국 교인들이 여러모로 힘들게 하였다.

마침 정달빈 전 담임 목사님께서 장례비용으로 저축해놓은 금액을 교회 건축의 종잣돈으로(seed money) 헌금해 주셨다. 이것이 전 교인들로 하여금 반성과 각성의 기회를 주심으로 교인 임시총회에서 교회 건축을 결정하였다. 건축위원회를 구성하여 위원장 박시관 장로님, 부위원장 정수만 장로님, 재정위원장은 내가 맡고, 건축부지 발굴 조사위원회(search committee)를 구성해 찾음으로 건축이 시작되었다. 2팀은 부동산 소개업에 종사하는 분들이었다. 나는 알고 지내는 부동산업자, Bob Fitzsimmons에게 필요한 요건들을 설명해 주고 몇

달을 기다렸다.

나는 주차장 부지가 있으면 창고라도 좋으니 주님 도와 달라는 기도를 늘 드리고 있었다. 어느 비가 오는 늦은 오후에 적합한 건물을 발견했으니 살펴보자는 연락이 왔다. 우산을 들고 살펴보니 원래 해외 전쟁 참전 용사회(V.F.W Veterans for Foreign Wars)가 주인이었는데 부동산개발 업자가 구입했다가 다시 매물로 내놓은 건물이었다.

건물은 내부 천장이 높아서 우리 교회 집회하기에 충분한 넓이와 마침 집회 허가 (assembly permit)까지 보유한 건물이었다. 40여 대의 주차장을 갖추고 있었으며 30여 대를 더 주차할 수 있는 부지가 포함된 우리 교회의 아주 적합한 건물인 것 같았다. 권유순 담임목사님께 연락하니 당장 보겠다고 하셨다. 목사님을 모시고 와서 부동산 업자와 더불어 손전등을 들고 건물을 살펴보신 목사님이 "이기웅 권사, 바로 이 건물이 찾고 있는 건물이군요. 주님께서 예비하신 건물이다."라고 하시고는 비를 맞으면서 건물 밖에서 기도를 드리셨다. 돌아오시면서도 "이 건물을 꼭 우리 교회가 인수해야겠다."라고 다짐하셨다.

주일 날 예배 후 전 교인에게 보고를 드렸다. 그리고 계약서를 작성하고 융자금(Mortgage) 신청을 위해 필요한 서류를 기다리는데 서류가 오질 않는다는 중개인의 전갈이 있었다. 일반 은행에서는 건물 구입금 대출에 최소 5인의 보증인이 필요하며, 그 보증인들의 5채의 개인 집을 담보로 주면 은행에서 구매 대출을 해주겠노라는 확답을 받고 일단 한 주 더 기다렸지만, 서류가 오질 않았다.

판매자에게 연락했으나 대답이 정확하지 않아 판매자에게 문제가 생긴 것 같았다. 중개인 자신을 판매자 대리인이 아닌 우리 교회에서 고용한 교회 대리인이 되면 자신이 직접 상대 판매물에 대해 구체적인 조사를 할 수 있다고 하였다. 그래서 교회에서 임시총회에 회부하여 승인을 받아서 교회 대리인으로 임명을 했다. 1주 일 내에 개발업자가 현 건물을 철거하고 새로운 town house 개발하려고 개발신청서를 뉴욕시에 제출했으나 NYC 건축 개발 중단(Moratorium) 지역이라서 개발이 저지되었고, 이 건물을 담보로 3차 은행융자를 받았는데 그 이자를 미납해서 현재 담보권 행사(foreclose) 진행 중에 있다면서 약 1개월 기다리면 아마도 경매할 예정인 것 같으니 기다려 보자고 권고를 해왔다.

우리는 앞일을 상의하며 기다리길 5주 정도하니 곧 경매 입찰일이 결정 날 것이라는 전갈을 받았다. 원래 구매가격을 $650,000로 계약했었는데 입찰로 전환되자 교인 총회에서는 최고 입찰가격을 $950,000까지도 하라는 교회의 결정을 승인받고 기다리고 있었다.

교인 중에서 누구도 미국에서 경매 입찰 경험이 없었다. 중개업자가 자신도 하나의 입찰자로 참석할 테니 교회의 구매자가 건축위원장 이름으로 계약되었으니 건축위원장과 나에게도 별도로 입찰에 응하는 게 좋겠다는 계획을 알려 주었다. 특히 건축위원장의 입찰가와 나의 입찰가를 3개 은행 대표자들이 주시할 터이니 3개 은행보다 더 높은 가격으로 입찰하라는 지시를 받고 법원 입찰실에 참석하니 이미 5~6명이 나와 준비 중이었지. 권유순 담임 목사님, 박시관 건축위원장, 정수만 장로, 정병돈 권사 그리고 내가 입찰장에 참여했다.

입찰 담당판사가 잠시 설명한 후 입찰을 시작하노라고 했다. 바로 교회 대리인 중개업자가 최저 입찰가격인(upset price) $425,000을 입찰을 시작하고 판사가 다른 입찰이 있냐고 물었고, 나는 3개 은행 대표자들의 입술을 주시하고, 3개 은행 측도 나와 건축위원장의 입찰 가격을 응시하면서 눈치작전을 벌이는 순간, 판사가 더 이상 입찰자 없으니 입찰가격은 $425,000로 낙찰한다고 낙찰이 끝났다고 선언해서 다들 어리둥절하는 순간을 맞았다.

낙찰을 받은 즉시 담임 권유순 목사님께서는 정달빈 원로 목사님께 보고 드렸는데 말기암으로 침상에서 병고를 치르는 노 목사님께서 "Halleluiah" 외치며 통곡의 감사기도를 드리셨노라는 말씀을 우리에게 전해 주셨다.

전 교인들이 너무나 감동의 순간을 맛보았고, 응답해 주시는 주님의 성호를 높이 찬양 드린 기억이 지금도 생생하다. $650,000에 사려고 계약하고 몇 개월 지연되긴 했지만 $950,000이라도 사려고 준비하였는데 오히려 처음 계획한 계약금 밑으로 구매가 결정되었으니 전 교인들의 감사의 함성소리는 참으로 대단했다.

매주 주일예배 후, 그리고 수요예배 후에는 으레 건축실행위원회를 열어서 교회 건축을 위해서 상의하고 계획을 하는데 어느 땐 새벽 2~3시까지 입찰준비 회의를 한 기억이 난다. 어느 누구 하나 피곤하다는 소리 없이 다들 진솔하고 신실하게 회의에 임해 주셨기에 늦게나마 감사를 표해 드린다.

그 후 나와 친분이 두터운 독일계 변호사에게 모든 수속을 의뢰하였는데 3개월 내에 입찰금을 완납해야 수속이 끝나게 되어 자금 마련에 고심하던 때였다. 권유순 담임목사님께서 연합감리교 재단에 개발처가 있으니 그곳에 신청해 보자는 제안을 주셔 $300,000을 그곳에 신청서를 제출한 후 나머지 $125,000과 개축 비용은 교인들의 헌금으로 대치하기로 의견을 모았다. 교인들의 특별건축헌금 일을 정해 건축 실질업무가 시작되었고 1개월 만에 약 $160,000정도 헌금이 된 것으로 기억한다.

개축은 헌금의 입금 정도를 파악하며 시작하되 스태튼 아일랜드 상공

회의소(S.I. Chamber of Commerce)에서 친분을 맺은 건축설계사로, 나와 친분이 있는 한국전 참전용사로 한국전쟁 때 서울의 제1 한강대교를 설계한 Melinker & Associates, PC를 고용하여 개축 설계를 하였다. 바로 이분이 Forest Shopping strip mall을 설계하신 분이다. 고맙게도 그분은 바쁜 와중에도 직접 와서 직원들을 독려하고 일일이 계측하였다. 그래서 직접 오셔서 수고해줘서 고맙다는 표시를 하니 하나님의 성전이니 심혈을 기울여 정성껏 해야 하지 않겠냐고 오히려 반문하더라…. 참으로 존경스럽고 겸손한 성품의 소유자였다. 경비도 매우 저렴하게 청구해서 재삼 감사함을 느꼈다.

건물을 구입하고 모든 수속이 완료되어 변호사비 청구서를 몇 달간 기다렸는데 오지 않아서 사무실에 직접 방문했다. 변호사 비용(professional legal fees)에 대해 말씀드리니 "어찌 감히 절대자 하나님 일에 자기가 청구서를 제출하겠느냐?"라면서 오히려 반문하는 게 아닌가. 그는 자신의 변호사비는 주님께 올려드리는 자신의 헌신이며 단지 그동안 발생한 기타 서류 search fee와 등록비용 및 우편료만 청구하여 비용을 꽤 많이 절감했다. 기왕 하는 일에 NYC의 비영리단체 수도세 면제 신청을 하였는데 면제를 받아 현재도 무료로 사용하고 있다.

건물개축 설계와 뉴욕시 건축과 개수허가서를 기다리는 동안 잠시 시간이 있어 몇몇 교우들과 휴식을 취하려고 Long Island Mauntack으로 떠났다. 항구에서 황다랑어(Yellow Fin Tuna) 한 마리를 구매하여 저녁 회식을 준비하는 중에 한 교우가 집에 안부전화를 하던 중에 청천벽력 같은 소식을 듣게 되었다.

정달빈 목사님께서 하나님의 부르심을 받았다는 것이다. 우리는 도저히 저녁식사를 할 수 없어서 풀어논 짐들을 다시 꾸려서 교인 몇 분과 다시 교회로 돌아왔다. 그리고 장례예배 의식에 관한 의견을 나누었는데, 새로 구입한 새 교회당에서 장례식을 하고 싶다는 정달빈 목사님의 뜻을 받들기로 했다.

그날 밤부터 24시간 철야 작업으로 우선 장례예식을 치를 수 있도록 준비했다. 불필요한 벽을 허물고 장례예배를 드릴 수 있는 공간 확보와 급히 강대상을 설치하여 5일장으로 모시는데 아무 지장 없도록 준비를 4일 만에 완성했다. 이 일도 전교인이 자발적으로 협력해서 이루어낸 합작품이었다.

또 감사한 일은 철거하면서 나오는 폐품을 담을 대형 container가 필요했는데 우리 가게가 사용 하는 carting 회사에 사정을 이야기하니 교회 개축하는 일이니 자기 회사도 봉사로 트럭 비용만 내라 하여 싸게 할 수가 있었다.

정 목사님 장례를 마치고나서 얼마 후 권유순 목사님이 불의의 교통사고를 당해서 요양을 위해 이임하시고, 김정식 목사님이 새 담임목사님으로 취임하셨다.

본격적인 개축을 교인 중에서 건물 개축 경험이 있는 분이 맡아 시작하였다. 강대상 위에 있는 무늬 있는 stain glass 창문은 우리 집에서 따로 맡아 헌물했다. Baby grand piano는 김정식 담임 목사님 댁에서 헌물하셨고, 각자 자신의 형편껏 여러 교우가 적극 동참하셔서 완공을 순조로이 마칠 수 있었다. 새로운 창문을 교회당에 맞게 개축하였고, drop ceiling된 천정을 철거하여 높은 천정으로, 완전히 새로운 전기 배선과 전등을 교회에 맞게 하였으며, Air Conditioner를 설치해 여름 예배에도 대비하는 등 세세히 신경을 써서 개축했다. 지하실 개축할 때 피아노를 2층으로 옮기는데 박철순 집사가 혼자 등에 지고 옮기는 일도 있었다.

지하실에 술을 준비하는 테이블 등 잡동사니들이 많아서 옮기는 데 교인들이 고생을 많이 했지. 알루미늄으로 outer wall siding까지 손을 보지 않은 곳이 없었는데 전 교인들의 동참으로 아무 사고 없이 단시간 내에 개축을 마쳐서 깊은 감사를 드렸다.

CONSTRUCTION OF NEW CHURCH BUILDING

The Korean Church of S.I. rented the facility of the Christ United Methodist Church located on Forest Avenue in a shared ministry format for many years, but the American church members whom we rented the space from made it challenging. Pastor Jung donated the seed money and gave us the opportunity to redirect the direction of our church. The General meeting of the church, we decided to form a building and architectural committee, with Elder Park Si-Gwan as the chairman, and me appointed as the finance chairman. We had 3 subcommittees. One consisted of real estate agents whom I worked with. The R.E. agent Bob Fitzsimmons worked with me in looking for a suitable space. He called me one rainy day in the late afternoon. He had asked me to look at a building that a developer had bought but put back on the market. It was a building with high ceilings and a large space that could accommodate the congregation during church services; it even had an assembly permit. There was enough space in the parking lot for 35 cars and the opportunity for 30 more spots if we cleared the back lot. I decided this would be a great spot. I contacted Pastor YouSoon Kwon right away. After looking at the building in the evening with a flashlight, Rev. Kwon agreed that this building was the building that the Lord chose for us. We prayed outside the building in the rain. After the worship service on the following Sunday, I reported to the congregation of our prospective site for the new church. We started the process to close the deal on the purchase of the land and building. While in attorney review and awaiting the documents, we were informed from the broker that the documents did not come through. The explanations provided by the seller were suspicious and raised concern about issues with the sale of the property. In order to investigate the matter, Bob was hired by our church to act as the representative to investigate the situation. I was able to learn that the seller/developer submitted an application to New York City to develop a townhouse complex on the land after he planned on demolishing the current building. The development was blocked because it was in the NYC moratorium area. The seller had a third bank loan that he had put as collateral for this building. Foreclosure processing had been started and the sale could not go through as the property was supposed to be auctioned. We waited about 5 weeks for the auction. We had originally budgeted $650,000 for the purchase price of the land. After an assembly, the congregation agreed to set the highest bid price up to $950,000. No one in the church had any experience in bidding for auctions so the broker attended the auction along with us. The purchaser of the church was to be contracted under the name of the chairman of the building. We had a small party of bidders attend the auction. The chairman's bid and my bid was monitored by the representatives of the three banks. Pastor You Soon Kwon, Architecture Chairman Park Si-Gwan, Elder Jung Su-man, Jung Bung-Don and myself were in attendance and we all had participated in the bidding.

The judge in charge of the bidding explained the process briefly and said that the bidding would be initiated. The church's broker opened the bidding at the minimum bid price of $425,000. The judge asked if there were any other bids and there were none. The judge then declared that the auction was concluded as there were no other bidders. After winning the successful bid at under budget, Pastor Kwon Yoo-soon reported to Senior Pastor Dalbin Jung, who was bedridden and suffering from terminal cancer, the amazing news. He wept and prayed to thank God for his work. We were all happy that we paid less than the initially agreed upon purchase price. After every Sunday service and Wednesday worship service, we held a construction executive committee meeting to discuss and review the plans with each other. I would like to express my gratitude to all those who attended those meetings. They came diligently despite being busy and without saying that they were tired.

I worked with a German attorney who was familiar with the building process. As a church, we were struggling to raise the funds after paying the bid in full within 3 months. We submitted a fund application to UMDF for $300,000. The congregation set a goal to raise an additional $125,000 for the cost of the renovation. We set this goal with a date to raise the money. We successfully raised the funds and raised even more by collecting an awesome $160,000 in one month. Renovation was able to begin thanks to all the generous contributions. I hired the architectural firm, Melinker & Associates, P.C. the firm that designed the 1st Han River Bridge in Seoul during the Korean War, to design the renovation. I had developed a relationship with him at the local Chamber of Commerce meetings. They were very thorough and careful in their measurements of the space and I thanked them for doing this work in the midst of a busy time. He was a humble and respectable man. He graciously charged us a nominal amount for the design of the building.

After the building process was completed, I waited for the attorney's bill for several months, but it didn't come. I paid his office a visit and asked him about the professional legal fees. He let us know that he performed the duties for free as his donation and as an act of his dedication to the Lord. He saved us from a significant expense by only charging us document search fees, registration fees, and postage fees that were incurred. I also applied for a water use waiver for non-profit organizations in NYC; we were thankfully able to receive this water waiver and we did not get charged a water bill.

When Pastor Dal Bin Jung passed away, it occurred during our short retreat in Montauk, NY. We received a message that he had been called by God. We cut the retreat short and returned home to help with the arrangements. We had decided to hold the funeral service at the new chapel that we had bought under the will of Pastor DalBin Jung. We quickly made plans and we started preparing the space to hold the funeral. We worked diligently and were able to complete the preparations; we knocked down walls, installed a church podium, and were able to transform the space in four days. My wife and I donated the stained-glass windows above the church platform. The baby grand piano was donated by Pastor Jeong-Sik Kim. New windows were installed in the church hall, the drop ceiling was removed to create a higher ceiling, the electrical wiring was updated and lighting was installed into the church. Air conditioners were installed to prepare for summer worship. When the basement was renovated, the piano was moved to the second floor. In the basement, there was a bar that was removed. The exterior of the church was lined with aluminum. I am so thankful for the way that the congregation came and worked together to get it all accomplished.

아콜라 한인교회에서의 신앙생활

2007년에 뉴저지 팰리사이드 팍(Palisades Park, New Jersey)로 이사와 섬길 제단을 돌아볼 즈음 2007년 정초가 되었다. 지경거리에서 같이 상부상조하는 최재흥 청과상조회 전 이사장께 신년 인사도 할 겸 Paramus에 있는 아콜라 한인교회를 방문하였다.

안명훈 담임 목사님께서 방문객 소개를 하시면서 방문만 할 것이 아니라 아예 등록하라는 권고하심에 "예"라고 답을 은연중에 하고 말았다. 아마도 이런 일이 주님의 예비하심이 아닐까라고 생각한다.

그날 이 제단에서 첫 번째로 올려 드리는 예배는 짜임새 있는 예배 순서에서부터 강단에서 선포되는 은혜의 말씀과 더불어 예배가 아마도 내 마음을 사로잡지 않았나 싶다.

우선 입례송 외에 부르는 세 곡을 찬양하였는데 찬양 중에 닫혔던 나의 마음의 문을 활짝 열어주셨고, 목사님의 말씀을 통해 주시고자 하는 많은 주님의 message를 듣게 되었다.

성전의 높은 구조와 확 트인 예배실과 모든 시설이 완전히 갖춰져 있어서 나의 맘에 꼭 드는 제단이었다.

FAITHFUL LIFE IN ARCOLA K.U.M. CHURCH

In 2006, we moved to New Jersey. Shortly after our move, we paid a visit to the Arcola Korean U.M. Church in Paramus to pay a New Year greeting to chairman Choi, Jae-Heung. Pastor Timothy Myung-Hoon Ahn had introduced us as visitors and invited me to not simply visit, but to become members of the church. I answered "yes" without thinking. I wondered if this was the Lord's will and plan for us. The first service that we attended followed a very structured order of worship which I enjoyed and I was filled with God's grace proclaimed from the pulpit. The worship spoke to my heart. From the first 3 songs, the prayer song, I felt that I could hear all the messages of the Lord through the pastor's sermon; he opened my closed heart to God even more with his words. In addition, the architecture of the main sanctuary being very open, the facilities fully equipped, caught my eye and I realized that this was my favorite altar.

About a year later, just as we were taught in the bible that man must become a fisherman among men, in consideration of the future of our youngest son Matthew, I thought it was my obligation to take an active role in this new church as I had done on Staten Island. Through prayer, God spoke to me and charged me to become the 17th cell-leader of Arcola. May we bring praise and thanks to the Lord who has led us.

시무장로 임직

내가 타 교회에서 이적하였기에 협동 장로로 임직해 봉사하게 되었다. 큰 과오 없이 장로로서 임무를 수행하게 됨도 주님의 인도하심에 힘입어 수행할 수 있었다. 3년간 봉사한 후 미 감리교 한인교회 총회의 정관에 72세까지 임직하도록 되어 있기에 교인 총회를 거쳐 2013년 4월 28일 교회 창립 25주년 기념식과 더불어 시무 장로로 다시 임직하게 되었다.

시무장로 임작: 안명훈 담임목사님과. 2013.

INSTALLATION OF ELDER IN ARCOLA KUM CHURCH

On April 28, 2013, during the 25th church Anniversary I was installed as an Elder at the age of 72, according to the articles of Korean American United Methodist Church.

재단이사장 취임

이사회는 교회의 부동산 관리를 비롯하여 새로 영입되는 재산을 관리하는데, 주로 교회당의 보수 수리에 중점을 두었다. 우선 교회 시설이 점점 노후 해지고 방대하다 보니 전기료 절약 방법을 찾기 위해 전열 등을 교체하기 위해 NJ 주정부에서 무료로 LED 전구로 교체해 주는 program을 활용하여 새로 나온 LED로 전부 교체하여 전기료 절약을 했다. 또 매년 대 예배실인 안디옥 성전의 central air conditioner의 잦은 고장으로 매년 수리비가 너무 많이 지출되는 것에 주목하였다. 전문회사를 고용하여 진단한 결과 air conditioner 2개 있는 7 tons의 compressor 중 한 unit를 먼저 교체했다. 수리 비용은 교인 golf outing을 열어 교체 비용을 충당하였으며 8년이 지난 지금까지도 수리를 하지 않고 전 교인들이 무더운 여름철에 시원한 환경에서 예배를 드릴 수 있으니 이 또한 감사한 일이다.

주일 성수를 위해 교회에 출석해 보니 전날 밤새도록 많은 양의 비가 와서 체육관과 교인 친교실로 사용하는 Wesley 건물의 지붕에서 많은 양의 누수가 있었다. 지붕 수리회사를 응급으로 불러서 수리를 부탁하면 바로 응급처치를 해주기는 하지만, 실제로 응급 수리를 언제부터 해줄지는 가늠하기가 어려운 사정임을 잘 알고 있는 터였다. 소비자가 겪어야 하 는 고통이 따르는 점이 내 뇌리를 떠나질 않아 집으로 오는 중에

Home Depot에 들러서 수리에 필요한 자재와 도구를 구입 하였다. 그리고 김두남 장로님과 담임 목사님과 상의하고는 내일 월요일에 같이 도울 수 있는 임원들을 동원할 계획으로 e-mail을 보냈다. 상상외로 목사님을 위시하여 여러 전도사님과 15여 명의 임원이 참여해 주어서 약3시간 만에 아무 사고 없이 응급 수리를 마칠 수 있었다. 이 또한 주님의 선하신 손길의 인도하심으로 가능한 일이었다. 합하여 선을 이루는 일들이 임원들의 협동과 합심으로 수리를 마무리 지었으니 재단을 대신하여 참여한 임원 한 분 한 분께 감사를 드리고자 한다.

교회의 모든 시설물은 주님께 예배드리기 위한 것이지만, 교회에서 사용치 않을 때 지역 사회와 같이 공유(share)하는 일도 중요한 신앙인의 자세라는 생각을 하는 중에 뷰니엘 합창단(Penniel Chorus)에서 합창연습을 하길 원했다. 교회 예배나 행사에 지장을 주지 않는 범위에서 제공하여 합창단원들이 편안히 연습하여 연례음악회에 열어주어서 감사함을 금치 못하였다. 더구나 이 합창단을 JW Chorale로 개명하여 음악회를 개최해 메마른 지역사회에 귀한 아름다운 선율의 선물을 안겨줘 이 또한 감사한 일이었다.

CHAIRMAN OF TRUSTEES

I joined the board of trustees that manages the existing and new real estate of the church. The board focuses on the maintenance and repair of the church. In order to make the church more energy efficient, I applied to the NJ state government program to replace the light bulbs with LED bulbs free of charge. I helped to replace the 7 central air compressors in the main sanctuary as the unit was breaking down frequently. We raised funds as a church with a golf outing. Even now, 8 years later, the unit is working well and we all can attend Sunday service comfortably.

We realized that there was a large roof leak in the "Wesley" building, which was used as a gym and fellowship room. It was not easy to get a reliable roof contractor to provide emergency roof repair in a timely fashion. On the way home, I stopped by the Home Depot and purchased the tools and materials necessary for emergency repair. I alerted senior Pastor Ahn and Elder DooNam Kim of the situation and together, we mobilized executives who can come out on a Monday to help with the emergency roof repairs. Several evangelists and about 15 executives participated in the successful repair of the roof in 4 hours. This was with the guidance of the Lord's good hand.

원로장로 추대

2018년 4월 29일 교회 창립 30주년기념일에 시무 장로 직에서 은퇴, 원로 장로로 추대되었다.

인생사에서 은퇴는 여러 의미가 있는 것 같다.

은퇴는 다른 사람에게 기회를 주는 일이다. 특히 봉사직은 때가 차면 자리에서 물러남으로 타인이 내가 서 있던 자리를 채워 그 나름대로, 하나님으로부터 받은 은사를 마음껏 발휘할 수 있도록 기회를 부여하는 일이라고 늘 생각하고 있었다. 또 평생을 앞만 바라보며 살아온 나 자신

원로장로 추대식 (Sr. Elder Installation, Arcola KUMC, N.J.) 2018

을 편안한 마음으로 되돌아보면서 마음의 여유와 시간의 여유를 즐길 수 있다고 생각한다.

다른 사람이 하는 봉사를 한 발짝 물러서서 지켜보는 일도 큰 기쁨이요, 나 자신을 성찰하는 계기도 될 것이라 믿는다.

INSTALLED AS SENIOR ELDER

On April 29, 2018, on the 30th anniversary of the church, I retired from active elder duties and was installed as Senior Elder. Retirement can be enjoyed in different ways. I have always volunteered with the understanding and the comfort of knowing that I had the opportunity to step down from my seat when the time came, so that others could fill my role. On the one hand, I think it is a time to step back and relax the mind and reflect on one's achievements and to look forward to the future. It also gives me time to sit back and watch the success of other people's service from a distance.

예루살렘 성지순례

그동안 성지 순례할 기회가 여러 번 있었는데 그때마다 발목을 잡는 일들이 있어서 다녀오질 못하였다. 마침 아콜라 교회에서 성지 순례 계획을 세웠는데 아내가 허리디스크 수술을 받아서 여행하기에는 무리가 되질 않을까 망설이고 있었다. 그런데 중동의 여러 나라, 특히 Egypt에서 봄의 혁명 바람이 세차게 일어남으로 일단 출발 시기를 늦추었다. 다행히 6개월여 후에 교인 34명과 12박 13일 간 순례 여행의 길에 오르게 되니 참으로 많은 감사를 드렸다.

Jordan airline을 타고 JFK공항을 출발하여 Jordan의 수도 Amman을 경유, 다시 Cairo행을 갈아타서 Cairo, Egypt 공항에 도착하였다. 가방을 찾아서 입국 수속을 준비하려는데 가방의 한쪽이 열려서 가방 속을 확인하니 있어야 할 iPad가 없어졌다. 공항 경찰에 분실신고 하는 것으로 Egypt 여행을 시작했다.

다음 날 새벽에 Luxor행 비행기를 타고 나일강을 따라 남쪽으로 비행하는데 창가를 통해 내려다본 나일강이 참으로 경이로웠다. 강 주위의 양편으로 1마일 정도만 생명이 있는 푸른 땅이고 나머지는 모래사막이 펼쳐지고 있어 처음 보는 나에게는 매우 경이롭고 이색적으로 다가왔다.

Karnak 신전에 들렀는데 신전을 받치고 있는 수많은 기둥이 매우 경이로웠다. 성인 두 사람의 두 팔을 벌린 길이보다도 더 큰 웅장한 기둥들이 장관을 이루어 우리 순례단을 맞아 주었다. 또한 수 톤에 달하는 돌을 높은 기둥 위에 설치해 놓은 기술이 경이롭게 받아졌다.

왕들의 계곡을 관광하고 다시 카이로에 돌아와서 우리 인간들의 최고

카르낙 신전, 럭소, 이집트 (Karnak temple,, Luxor, Egypt,) 2012.

카르낙 신전의 돌기둥

걸작품 중 7대 불가사의 Pyramid를 관광하였다. 또 Suez 운하 지하 tunnel를 지나 시내 반도의 '마라'를 거쳐 시내산 근처의 호텔에서 여장을 풀었다.

다음날에는 방대한 양의 고서를 소장하고 있다는 'Catherine 수녀원'을 들렀다가 시내산을 등반하고, 이스라엘로 향하였다. 도중에 Mose가 홍해를 횡단했다는 Nuweiba를 거쳐 엘리앗에서 이스라엘 입국수속을 하였다. 그리고 황무지의 광야를 거쳐 사해 근처의 호텔에서 여장을 풀었는데 호텔의 시설이 좋았고 사해의 소금물 온탕이 있어 순례자 모두가 밤에 즐길 시간도 가졌다. 겟세마네 동산, 통곡의 벽, 골고다 성묘 교회, 사해 성경책이 발견된 쿰란동굴, 몸이 둥둥 뜨는 사해 해수욕과 사해 바다의 검은 흙의 마사지도 즐긴 후에 예루살렘에 도착했는데 바로 그 저녁이 마침 유월절(passover) 후에 즐기는 만찬 저녁이었기에 대단히 훌륭한 만찬을 즐길 수 있었지.

겟세마네 동산에서 기도하는 아내 (Prayer at Mt. Gethemane.) 2012.

PILGRIMAGE TO THE HOLY LAND

We had planned on a trip to Egypt, the Nile, and the middle East but the plans were delayed, by violent unrest in the middle East. After a six-month delay, the trip commenced. My wife and I were able to join 34 members of the church on this journey on the pilgrimage tour which lasted for 12 nights. We departed from JFK Airport on Jordan Airlines, transferred to Amman, the capital of Jordan, for Cairo. After landing in Cairo, we collected our bags. While waiting for immigration, I realized that one side of my bag had been opened and my ipad was stolen. I started my trip in Egypt by reporting the loss to the airport police. The next morning, I took a flight to Luxor and flew south along the Nile River. It was truly awe-inspiring to see the Nile from the windows of the plane high in the sky. The banks of the Nile have lush green lands that contains the only signs of life for 1 mile on either side of the river; the desert sand then spreads out. This was a very wonderful and unusual scenery to observe.

During the tour of the Karnak temple, I was amazed at the numerous pillars dedicated to the temple. There were countless magnificent pillars whose circumference was longer than the length of the arms of two adults. They formed a spectacular view on our first stop in our pilgrimage. After visiting the Valley of the Kings, we returned to Cairo, and went to visit one of the 7 Wonders of Egypt. The pyramids were among the best masterpieces created by human beings. We also passed through the underground tunnel of the Suez Canal, travelled through the "Mara" of the downtown peninsula, and stayed at a hotel near Mt. Sinai. On the way to Israel, we visited the "Catherine Convent," which is said to be in possession of old and rare books. We travelled through Nuweiba, where Moses crossed the Red Sea and entered the country of Israel at Eilat, through the wilderness to our hotel which was near the Dead Sea. There is a salt water bath in the hotel, so all the pilgrims had time to enjoy it at night.

After enjoying the Garden of Gethsemane, the Weeping Wall, the Church of the Holy Sepulcher of Golgotha, the Qumran Cave where the Dead Sea Bible was found, the floating Dead Sea bathing, and a massage using the black clay of the Dead Sea, we finally arrived at Jerusalem with much excitement. We were able to partake in a fantastic dinner that all Jews enjoy after Passover as this was the season that we traveled.

We toured Ascension Hall, where the Lord was lifted to heaven, the Garden of Gethsemane, and entered Jerusalem Castle. We were able to visit Titus' official residence, Golgotha

Cross Road, Mark's Upper chamber, the Golden Top Stones on which Jesus was laid, Bethesda Pond, and Masada Fortress which was the site where Jews and 1,000 others died to avoid the Romans' crucifixion. We made a pilgrimage to the seaside city of Geisara, which is said to have been built by King Herod for the emperor of Rome, and passed through the capital city of Telavi. We went to the Roman amphitheater that was built overlooking the sea, and visited the ruins of a conduit standing tall on the beach. I could see the waterway that stood confidently even after thousands of years of rain and wind; this impressed me a lot.

주님이 이곳에서 휴거하셨다는 승천당, 겟세마네 동산을 경유하여 예루살렘성으로 들어갔다. 빌라도(Titus)관저, 골고다 십자가 고행의 길, 마가의 다락방, 예수님을 눕혀논 황금 상판석, 벳세다 연못, 로마의 학정을 피해 967명의 유대인이 죽음으로 그들의 긍지와 믿음을 지킨 맛사다 산성, 예수탄생교회 등등 순례를 마쳤다.

북쪽에 있는 수도인 텔아비브를 거쳐 헤롯왕이 로마의 황제를 위해 건설했다는 해변의 도시 가이사라를 순례하였는데 바다를 바라보며 세운 로마식 원형극장, 해변가에 우뚝 서 있는 수로(conduit) 고적을 볼 수 있었는데 몇천 년의 비, 바람을 맞고도 당당히 서 있는 수로는 많은 감명을 선사해 주었다.

갈릴리 호숫가에서는 예수님이 산상수훈을 말씀하신 곳에 세운 팔복교회, "내 양을 먹여라"라고 지시하신 베드로 수위권 교회, 주님이 시험

받은 유대 광야, 예수님의 침례터, 여리고성(Jericho), 엘리야가 마귀들의 물리친 갈멜산, 모세가 돌아가신 느보산(Mt. Nebo), 세계의 최고 오래된 교회 바닥에 모자이크로 구성된 지도가 있는 마다바(Madaba)를 거쳤다. 또 왕의 대로(King's Highway)를 따라 남쪽으로 향해 나바티아 왕국의 수도였으며, 무역의 중심 도시였고 세계 7대 불가사의(7 Wonders of the world) 하나인 Petra도 관광하였다.

페트라는 주위가 온통 첩첩이 돌로 둘러싸인 천연의 요새 같아 보인 사막의 한 곳이었는데 입구는 마차가 겨우 다닐 수 있는 좁은 협곡(Al-Siq)을 30여 분 들어갔다. 좁은 협곡 사이로 붉은 바위산을 조각해 건설한 45미터의 대표작인 알 카즈네(Al-Khazneh), 왕들의 무덤, 원형 극장 등을 바위를 조각해 만든 대형 건물들 앞에서 우리 일행은 감탄을 연발하였다.

예수님의 상판석

특히 물이 귀한 사막이었는데 들어가는 길의 양벽이 암벽인데 그 암벽을 파서 수로를 만들어 비가 오면 그 수로를 따라 깊은 그들이 살고 있는 도시로 물을 유도해 살도록 도시를 건설한 점이 매우 감탄스러웠다.

느보산, 욜단

골고다 고행길

We visited the shores of the Sea of Galilee, the Beatitudes Church, known as the site for the Sermon on the Mount, Peter's Supremacy Church, the Judean wilderness where the Lord was tested, Jesus' baptismal site, the city of Jericho, Mount Carmel, where Elijah defeated the demons, Mount Nebo, where Moses died, and saw a mosaic map on the floor of the world's oldest church. Going south along the King's Highway through Madaba, was the capital of the Nabothian kingdom, which was the center of trade, and we then visited Petra, one of the 7 Wonders of the world. Petra is in the desert and it was built on the side of rock to look like a natural fortress piled up with stones. The entrance was a narrow gorge (Al–Sir) where wagons could barely pass through, spanning for about 30 minutes on a wagon.

라 협곡, 욜단 : Petra, Jordan) 2012.

알 카즈네 석조 건물, 페트라, 욜단 (Al Khazneth & Narrow path to Petra, Jordan

포르투갈과 스페인 여행

Gate 1 여행사와 더불어 포르투갈과 스페인을 여행할 기회를 가졌다. 12박 13일 일정으로 리스본이 첫번째 방문지였다. 리스본은 콜럼버스가 포르투갈왕국으로부터 재정 지원을 받아 아메리카로 떠난 항구의 출항지점에 기념물을 상징적으로 세워놓고 많은 관광객을 유치하고 있었는데 조형물과 바닷가에 광장을 매우 정교롭게 잘 설치해 놓아 감명이 깊었지.

왕의 여름 별장이 있는 Sintra를 둘러봤는데 그 옛날에 돌로써 견고하지만 화려하고 우아하게 별장을 건축했다는 것과 식당 조리실에는 직접 연기를 빼는 싸이폰 시설과 요리한 음식을 식지 않도록 온도 조절 시설 등이 갖추고 있었는데 이들의 우수성을 엿볼 수 있었다.

영국령인 지부랄타(Gibraltar)에도 들렀는데 엘리베이터를 타고 426m 산정상까지 올라가서 내려다본 시가지는 감명스러웠다. 바다 건너에 아프리카 북단이 보였는데 이곳도 관광해야 할 도시였다.

TRIP TO PORTUGAL AND SPAIN

As we enjoyed travelling, we had the opportunity to travel for 12 nights and 13 days to Lisbon. I saw a memorial built

영국령 지부랄타 (Gibraltar Harbor, Territory of U.K.

for Christopher Columbus at the point of departure from the port where he left for the Americas backed with financial support from the Portuguese kingdom. I was impressed with the sculptures and the very elaborate plaza on the beach. We toured Sintra, where the king's summer villa was located. It was built out of stone and it was gorgeous and elegant. It was impressive in that it was equipped with a siphon facility to directly remove smoke from the kitchen's galley and had a temperature control facility to keep cooked food from cooling down. I stopped at Gibraltar and I was impressed with the city streets I saw while riding the elevator to the top of the 426-meter mountain. It was a city where you could see the northern tip of Africa across the sea on a clear day. Next, we arrived in Seville, Spain. Originally, Seville was built as a Roman city. In particular, the ancient Roman architecture and the canal in the square gave an impressive appearance. The Alcazar Palace was amazing in its architectural style, and the fact that Columbus' cemetery was in the four palaces left a big impression. Toledo was the old capital of Spain, located 70 km south of Madrid. It was a city where the relics of three religions, Catholic, Judea, and Islam coexisted.

다음은 스페인의 세빌(Seville)에 도착. 원래 세빌은 로마 도시로 건축되었다고 한다. 스페인 광장(Plaza de Seville) 정문을 들어서자 감탄사가 절로 나오는 풍경이었다. 특히 고대 로마식 건축물과 광장 내에 운하가 있어 더 많은 풍취를 안겨 주었다. 알카사르 궁전은 건축 양식이 매우 놀라웠고, 콜럼버스의 묘지가 궁전 안에 있다는 사실이 큰 인상을 주었다.

스페인 톨레도 (Toledo, Spain. 2017) 그라나다(Granada)는 가톨릭 문화와 이슬람 문화가 적절히 어우러져 있는 도시였다. 특히 그라나다의 알함브라궁전(Alhambra palace)은 이슬람 민족이 이곳을 지배할 때 건축되었는데 분수와 정원에 매우 다양한 관상목과 꽃들이 조화롭게 꾸며져 있었다. 이곳도 꼭 관광해야 할 곳이었다.

톨레도(Toledo)는 마드리드 남쪽 70km에 위치한 스페인의 옛 수도이다. 가톨릭, 유대교와 이슬람교의 세 종교의 유적지가 각각 공존하는 도시인데, 미리토로 전망대 위치에서 강 건너편에 있는 톨레도는 한눈에 볼 수가 있었지. 알카사르 대성당을 비롯하여 여러 성당이 있었다.

스페인 톨레도 (Toledo, Spain) 2017.

세빌 광장, 스페인 (At Seville Plaza, Spain) 2017.

종교 개혁지 순례

이 순례는 종교 개혁지뿐만 아니라 인간이 만든 건축물과 하나님이 창조하신 자연의 아름다움을 함께 찾아가는 순례길이기도 하였다. 각 지역마다 하나님을 향한 아름다운 첨탑의 성당들, 프라하, 드레스덴, 베른 등 아름다운 중세 도시들 탐방하였다.

잘 준비된 전문가이드가 잘 짜인 코스 대로 여행하면서 일급 호텔에서의 편안한 잠자리, 특별한 현지식, 순례자 현지에 대한 안내 책자 그리고 안명훈 담임목사님의 종교개혁 배경의 심층 강의를 들어 이해가 쉬었고, 여행지에서 생기는 에피소드 등 은혜와 감동과 기억에 오래 남을 아름다운 여행이었다.

체코(Czech)

유럽 중부에 위치한 내륙국으로, 제2차 세계대전 후 독일로부터 독립하였다. 체코인과 슬로바키아인이 인위적으로 합쳐진 체코슬로바키아는 1990년 국명을 체코슬로바키아 연방공화국으로 유지하다가 1993년 1월 1일 평화적으로 체코와 슬로바키아의 2개공화국으로 서로 분리 · 독립하여 오늘에 이루고 있다.

프라하

신성로마제국의 황제를 배출하며 유럽의 학문과 문화의 중심지 였던 보헤 미아의 수도 프라하는 과거의 영광스러움을 간직하고 있었다. 블타바강과 어우러져 너무나 아름다운 풍경을 만들어낸다. '북쪽의 로마' '백탑의 도시' 라고도 불리는 아름다운 도시, 하지만 프라하는 그 아름다움 너머로 많은 아픔을 간직한 곳이기도 하다. 모차르트가 생전에 가장 사랑했던 도시, 프란츠 카프카를 붙들고 놓아주지 않았다는 마력의 도시 프라하는 종교 개혁 이전의 개혁가인 후스의 숨결이 살아있는 곳이다.

바츨라프 광장

블타바 강 왼쪽 지구로 중세시대 카를 4세에 의해 조성된 신시가지에 속한다. 원래 마(馬) 시장이 섰던 곳이며 광장 가운데 사형대가 세워졌던 역사도 있다. 너비 60m, 길이 750m의 광장은 엄히 말하면 광장이라기보다 드넓은 대로에 가깝다. 광장 이름은 체코의 최초 왕조인 프르셰미슬 왕가의 왕 바츨라프에서 유래한 것으로, 그는 사후에 성인으로 추대된 체코 기독교의 상징적 인물이다. 광장 동남단에 성 바츨라프의 기마상이 성인 4명의 수호를 받으며 서 있다. 무엇보다 바츨라프 광장은 체코의 중요한 역사적 사건 이 벌어진 무대이며 여러 차례 프라하 시민의 집회가 열린 민주화의 상징적 장소이기도 하다. 1918년의 체코슬로바키아 독립 선언이 이 광장에서 선포되었고 1968년에는 '프라하의 봄'이라 일컫는 자유화 운동이 일어나 광장 일대가 모여든 시민들로 인산인해를 이루었다. 프라하의 봄은 소련의 군사 개입으로 큰 희생을 치 지만 결국 1989년에 같은 장소에서 몇십 만의 시민 들이 광장을 메우며 공산 정권의 몰락을 이끌어낸 벨벳 혁명이 일어나게 된다. 광장에는 자유화 운동

당시 소련의 무력 개입에 항거하는 뜻으로 목숨 을 끊은 얀 팔라흐와 얀 자이츠 두 젊은이를 기리는 기념비가 있었다.

A PILGRIMAGE TO THE REFORMATION

We took another pilgrimage which was not only to a place of the Reformation, but also a pilgrimage route to find the beauty of nature created by God through man made buildings. I visited the beautiful spires of different cathedrals in many beautiful medieval cities such as Prague, Dresden and Bern. The pilgrimage tour was graced by a prepared professional guide, kept a tight itinerary, provided comfortable beds at first-class hotels, included special local meals, a brochure on the pilgrimage site, and full of lectures by Pastor Myung-Hoon Ahn on the background of the Reformation and episodes of various courses. It became a beautiful pilgrimage that I will always remember.

Prague, the capital of Bohemia, was the center of study and culture; it holds a glorious past in Europe. Together with the Vltava River, it creates a very beautiful landscape. It is a beautiful city sometimes called the "Rome of the North" and

"City of the Hundred Towers." Prague is also a place that holds a lot of pain behind its beauty. Prague, is the magical city that Mozart loved the most during his lifetime, where the writer Franz Kafka was born, is also where the founder of the reformation Jan Hus, founder of what would later become Protestantism lived.

Wenceslas Square: The district to the left of the Vltava River belonged to a new town created by Charles IV in the Middle Ages. It is the place where the horse market originally stood. It is said that there is an execution stand in the middle of the square. The name of the square is derived from Wenceslas, king of the first Czech dynasty, the Prince of the Prischemis, and is a symbol of Czech Christianity who was elected as a saint after his death. At the southeastern end of the square, the equestrian statue of St. Wenceslas stands guarded by four saints. Above all, Wenceslas Square is the stage of an important historical event in the Czech Republic and a symbolic place for democratization where several Prague citizens' gatherings took place.

카를교(Charles Bridge)

블타바 강 우안의 구시가지와 좌안 언덕 위에 우뚝 세워진 프라하성을 연결해 주는 카를교는 체코에서 가장 오래된 다리이자 유럽에서 가장 아름다운 다리 중 하나이다. 1357년 신성 로마제국의 황제이자 프라하의 전성기를 이끌었던 카를 4세가 블타바 강에 놓은 다리로 너비 10m, 길이 520m에 이른다. 성 비투스 성당을 지은 페테르 파를레르시가 공사를 맡아 바츨라프 4세 때인 1402년에 완공되었다.

16개 아치가 떠받치고 있는 이 다리는 유럽 중세 건축의 걸작으로 꼽힌다. 다리의 시작과 끝부분에 놓인 탑은 본래 통행료를 받기 위해 세운 것이다. 그러나 지금은 블타바 강이 내려다보이는 전망대 역할을 제대로 해내고 있다.

17세기말부터 20세기 초까지 약 300년에 걸쳐 제작된 30개의 성 인상도 볼거리다. 다리 양옆에 저마다 다른 모습으로 일렬로 늘어서 있는데, 성 요한 네포무크, 성 루이트가르트, 성 비투스 등 체코의 유명한 성인 조각상이 가지런히 놓여 있다. 이 조각 상들은 모두 성경에 나오거나 성인으로 칭송받는 사람들을 새겨 놓은 것인데 그중 성 요한 네포무크 조각상이 가장 유명하다. 성 요한 네포무크는 바츨라프 4세가 왕비 조피에의 고해성사 내용을 알려달라고 한 청을 거절했다는 이유로 이 다리 밑으로 떨어져 죽게 되었다고 한다. 그 난간에는 작은 청동 십자가 5개가 있는데 십자가에 손을 내어 5개의 별 중 하나를 만지면 꿈을 이룰 수 있다는 이야기가 전해 내려온다. 또 조각상 밑단에 그의 순교 장면이 묘사된 부조를 만지면 행운이 온다는 전설 때문에 유독 새까맣게 손때가 많이 탔다. 성인 상들은 모두 모조품이고 국립 박물관에 진품이 전시되어 있다.

Charles Bridge

The Charles Bridge, which connects the old town on the right bank of the Vltava River and the Prague Castle towering on the left bank, is the oldest bridge in the Czech Republic and one of the most beautiful bridges in Europe. It is a bridge built on the Vltava River by Charles IV, emperor of the Holy Roman Empire and leading the heyday of Prague in 1357. It is 10m wide and 520m long. The construction was undertaken by Peter Farlersi, who built St. Vitus Cathedral, and completed in 1402, at the time of Wenceslas IV. The bridge, supported by 16 arches, is considered a masterpiece of medieval European architecture. The towers placed at the beginning and end of the bridge were originally built to collect tolls. However, it now serves as an observatory overlooking the Vltava River, as well as 30 saints made over 300 years from the end of the 17th to the beginning of the 20th century.

프라하 카를교에서(Charles Bridge)

동독 작센 주 주도인 드레스덴

독일

정식 명칭은 독일 연방 공화국(Federal Republic of Germany)이고, 영어로는 Germany이다. 북쪽으로 북해 · 발트해(海)에 면하고 덴마크와 접하며, 동쪽으로 폴란드 · 체코, 남쪽으로 오스트리아 · 스위스, 서쪽으로 프랑스 · 룩 셈부르크 · 벨기에 · 네덜란드와 접한다. 국경선 안쪽으로 알프스 산맥 · 라인 강 · 다뉴브강 · 슈바르츠발트 산맥이 자리하고 있다. 여러 개의 독립국이 1871년 프로이센-프랑스 전쟁을 거쳐 독일 제국으로 성립되었다. 제2차 세계대전 후인 1949년 독일 연방공화국(서독)과 독일 민주 공화국(동독)으로 나뉘었다가 1990년 통일되었다. EU(European Union: 유럽연합)의 창설국이며 EU에서 가장 인구가 많은 국가이기도 하다.

츠빙거 궁전(Zwinger Palace)

그 시대의 정수를 한 몸에 표현하는 건축물이 존재한다면, 그것은 바로 드레스덴의 츠빙거 궁전이다. 츠빙거 궁전은 아우구스트 2세 때 드레스덴에 풍부했던 예술과 문화를 반하는 완벽한 미를 보여주고 있다. 마테우스 다니엘 푀펠만(1662~1736년)과 조각가 발타자르 페르모저의 작품으로, 화려한 축제, 공연 등 그밖의 여흥을 목적으로 회화 갤러리, 분수, 아케이드 등으로 장식되었다. 원래는 U자형 안뜰을 만들기 위해

츠빙거 궁전, 드레스덴, 독일 (Zwinger Palace, Dresden, Germany) 2017.

한쪽은 엘베 강에 면한 테라스를 향해 개방하였다.

고토프리트 젬퍼(1803~1879)는 북동쪽 윙에 덜 화려한 신고전주의 양식의 회화 갤러리가 딸린 츠빙거 궁을 완성하였다. 젬퍼는 츠빙거궁 바로 옆에 자신의 이름을 딴 젬퍼 오페라를 짓기도 했다. 츠빙거 궁전 전체에서 가장 눈에 띄는 곳은 크로넨토어('왕관의 문'이라는 뜻)와 프랑스 파빌리온이다. 그러나 츠빙거 궁전의 진정한 중심은 페르모저의 '님프 분수'의 돌조각과 반짝이는 물이다. 수 세기에 걸친 전화로 거듭 파손된 츠빙거 궁전은 제2차 세계대전이 끝날 무렵에는 거의 완전히 파괴되다시피 했다. 사실 이것은 비단 츠빙거 궁전뿐만 아니라 드레스덴의 모든 역사적 건축물이 피할 수 없었던 운명이다. 드레스덴은 전쟁 때 초토화되었다가 전후에 거의 완벽하게 복원한 몇 안 되는 도시 중의 하나이다. 1945년과 1963년에 기초부터 철저한 복구공사를 거쳤으며 현재는 한때 '엘베강의 피렌체'라 불렸던 이 도시의 잔해 속에 티 한 점 없이 서 있다.

DRESDEN, THE CAPITAL OF SAXONY

Germany

The official name is the Federal Republic of Germany. the north and borders Denmark, Poland and Czech Republic to the east, Austria and Switzerland to the south, and

France, Luxembourg, Belgium and the Netherlands to the west. Inside the border are the Alps, the Rhine, the Danube. Several independent states were formed into the German Empire after the Prussian–French War in 1871. After World War II, it was divided into the Federal Republic of Germany (West Germany) and the German Democratic Republic (East Germany) in 1949 and unified in 1990. It is the founding country of the European Union (European Union) and is also the most populous country in the EU.

Dresden

A city where you can feel the past East Germany, the hometown of Tischendorf, called the "father of pietism," and the place where Spencer and Planque, the first two masters of+ piety, met together.

종교 개혁

1517년 마르틴 루터가 당시 로마가톨릭교회의 부패와 타락을 비판하는 내용의 95개조 반박문을 발표하여 시작된 사건으로 부패한 교회를 성경의 권위와 하나님의 은혜와 믿음을 강조함으로써 새롭게 변혁 시키고자 했던 신학운동이다. 종교개혁 운동의 결과 개신교(루터교, 장로교, 개혁교회, 침례교,성공회)가 로마 가톨릭교회로부터 분리되었다

비텐베르크(Wittenberg)

전 유럽을 흔들며 개신교를 탄생시킨 종교개혁의 무대가 바로 비텐베르크이다. 1996년 유네스코 문화유산으로 지정된 비텐베르크의 정식 이름은 루터의 도시 비텐베르크이다. 이곳에는 아직도 루터의 종교개혁과 관련된 유적들이 잘 보존되어 있고 중세 느낌도 잘 살아 있어 도시를 거닐자면 마치 거대한 종교 개혁 박물관을 보는 듯할 것이다.

마르틴 루터 신부

종교 개혁을 일으킨 마르틴 루터 신부는 로마 카톨릭 사제이자 비텐베르크 대학교 신학 교수였다. 비텐베르크대학교의 교회 정문에 95 개조에 달하는 반박 문을 붙였으며, 신약 성서와 구약 성서를 독일 말로 번역하여 누구나 성서를 읽을 수 있도록 하였다.

성곽교회 : 1517년 면죄부의 죄악성을 간결하게 열거한 95개조의 항의문을 붙였던 교회

성곽교회 정문 입구에 있는 95개 항의문 (The 95 Disputation on the Power and Efficacy of Indulgences posted entrance door wall, Wattenberg, Germany)

95개 조의 항의문

마르틴 루터가 로마가톨릭교회의 교리를 논박하고 성서가 지니고 있는 기독교 신앙에서의 유일한 권위와 하나님의 은혜를 통한 구원을 강조하는 항의문이다. 이 주장은 "믿음만으로, 은총만으로, 성경만으로"라는 말을 함축한 것으로 당시 권력과 부를 휘두르고 비리가 넘치던 로마가톨릭교회를 타켓한 것이다.

REFORMATIOM

The reformation was a theological movement that began in 1517 by Martin Luther's publication of a rebuttal of 95 rebuttals criticizing corruption of the Roman Catholic Church. At the time, it attempted to transform the corrupt church by emphasizing the authority of the Bible, the grace and the faith of God. As a result of the Reformation Movement, Protestants (Lutheranism, Presbyterianism, Reformed Churches, Baptists, Churches) were separated from the Roman Catholic Church.

Wittenberg

Wittenberg is the stage of the Reformation that shook all Europe and created Protestants. Wittenberg, designated as a UNESCO Heritage Site in 1996, is officially named Wittenberg, the city of Luther, where ruins related to the Reformation of

Luther are still well preserved and the medieval feel is well preserved.

95 Reformation Protest

Martin Luther refutes the doctrine of the Roman Catholic Church and emphasizes the unique authority of the Bible in Christian faith and salvation through the grace of God. This assertion implied the words "only with faith, only with grace, and with only the Bible", targeting the Roman Catholic church, which at that time was wielding power and wealth and overflowing with corruption.

아이슬레벤(Eisleben)

독일의 베들레헴이라고도 불리는 이곳은 마틴 루터가 태어나고 숨을 거둔 곳으로 평소 "나의 조국 아이슬레벤이다."라고 한 루터의 말속에서 고향인 아이슬레벤에 대한 그의 애정을 느낄 수 있다. 루터 당시 아이슬레벤은 중세 유럽에서 가장 유명한 구리 광산 도시 중 하나로 중세 독일 경제의 중요한 역할을 했다.

아이제나흐로

에르푸르트 9 옆에 있는 도시로 마르틴 루터의 종교개혁으로 유명한 바르트부르크성이 건설된 것으로 역사가 시작된다. 1067년도에 성이 건설되었으며 13세기에 베틴 왕가에게 넘어가면서 16세기부터는 일반 중심지로 되었다. 마틴 루터가 이곳에서 신약성서를 번역하면서 더욱 유명해진 이성은 루터 외에도 많은 역사적인 인물들과도 관련이 깊은 장소이다. 또한 유네스코 지정 세계문화 유산으로 등록되어 있고 특히 옛 성당과 궁전이 잘 보존되어 있다.

루터가 종교재판에서 가톨릭교로부터 파면 선고를 받을 것을 미리 짐작한 바르트부르크 성주가 부하들에게 재판받고 나오는 루터를 체포하여 처형하는 양 데려와서 은밀한 곳에서 안전하게 지낼 수 있도록 배려의 명령이 있었기에 그는 목숨을 연장할 수 있었고, 종교개혁을 계속 추진하였다 한다. 그 당시 파면된 사람은 아무나 죽여도 살인죄를 받지 않았다고 한다. 성주의 도움으로 10개월 동안 피신해 있던 곳, 바르트부르크성(Wartburg Castle)에서 신약성경을 독일어로 번역하였는데, 이 번역에 사용된 독일어가 독일의 표준어가 되었다고 한다.

Eisenach

The city next to Erfurt 9 and its history begins with the construction of "Wartburg Castle", famous for Martin Luther's Reformation. It became a general center. The castle became more famous when Martin Luther translated the New Testament there in German, and it is a place that is closely related to many historical figures besides Luther. It has been preserved.

Wartburg, who predicted that Luther would be expelled from the Catholic Church at the Inquisition, had an order of consideration to arrest and execute Luther who came out under trial by his subordinates. It is said that the Reformation could be extended and continued to promote the Reformation. It is said that those who were dismissed at that time were not guilty of murder even if they killed anyone. The New Testament was translated into German at Wartburg Castle, where he had been sheltered for 10 months with the help of the Holy Lord.

마틴 루터의 생가 (Fr. Martin Luther has born in this house. Eisleben, Germany) 2017

루터가 성경을 독일어로 번역하였던 곳인 바르트부르크성-10개월 동안 피신해 있던 곳이다.

루선(Lucern)

루선(Lucern)은 루체른호(湖)의 서안 로이스강(江)의 기점에 위치한다. 배후에 피라투스산(Mt. Pilatus)이 솟아 있어 알프스의 전모를 바라볼 수 있는 스위스 최대의 관광 · 휴양지이다. 730~735년에 베네딕트파(派) 대성당 장크트 레오데가르가 설립한 이후 이곳을 중심으로 생고타르 고개의 개통되었고, 지중해 지역과 무역 중계지로서 급속히 발전하여 현재는 기계 · 섬유 · 식품공업과 금세공이 발달했다. 또 해마다 8 · 9월에 국제음악제로 유명하며, '루체른 사자'의 기념상(記念像), 17세기의 공회당(公會堂), 8세기경에 건립된 성당이 남아 있다. 나의 자녀와 후손들은 한 번쯤은 이곳에서 하나님의 섭리와 걸작품을 감상해도 좋겠다.

'루체른 사자'의 기념상은 온몸에 화살이 박힌 채 꺾여진 프랑스 브르봉왕가의 방패를 껴안고 고통스럽게 마지막 숨을 내쉬는 사자의 모습인데, 이 사자상은 프랑스시민혁명 당시 루이 16세의 근위대였던 스위스 용병들을 기리기 위한 것이다. 당시 15세기 스위스는 나라가 발전되지 않아서 국민들이 먹고 살기가 힘들었다. 스위스의 젊은 남자들은 다른 나라의 용병으로 전쟁에 나가 돈을 벌었다. 이들은 다른 나라 출신의 용병보다도 용맹하고 철저히 신뢰로 보답하기로 명성이 높아져서 여러 나라에서 스위스 용병을 고용했다. 특히 교황청은 스위스 용병을 신뢰하여 500년 넘게 고용하고 있다.

카펠교는 루체른의 로이스 강에 있는 세계에서 가장 오래된 목조 다리로서 루체른의 구시가지와 신시가지로 나누는 역할을 한다. 1332년에 건설되었으며 팔각형의 모양을 가진 워터타워와 함께 루체른의 상징적인 존재가 되고 있다.

'루체른 사자'의 기념상(Stature of dead Lion, Lucerne, Swiss)

Lucerne

Lucerne is located at the origin of the Royce River on the west bank of Lake Lucerne. Mt. Pilatus rises in the background, and there is Switzerland's largest tourist and resort area where you can see the whole view of the Alps. After the establishment of the Benedict Cathedral of St. Leodegar in 730–735, it rapidly developed as a trade intermediary with the Mediterranean region with the opening of the Saint-Godard Pass, centered on it. Currently, the machinery, textile, food industry and goldsmithing industry have developed. The International Music Festival is held every year in August and

September, and the poetry retains a memorial statue of the

Lucerne Lion, a public hall of the 17th century, and an old cathedral built around the 8th century. It is Switzerland's largest tourist resort where you can see the entire Alps. I hope you will visit once and see God's providence and masterpieces.

The memorial statue of the 'Lucerne Lion' is the figure of a lion who breathes his last breath, hugging a broken shield of the French Vrebon family with arrows stuck all over his body. This lion statue honors the Swiss mercenaries who were the guards of Louis XVI during the French Civil Revolution. At that time, the Swiss people in the 15th century had a hard time eating and living because the country did not well develop. Young men pretended to be mercenaries from other countries and went to war to earn money. However, he was more courageous than mercenaries from other countries, and his reputation for repaying him with thorough trust, he used to hire Swiss mercenaries all over the country. In particular, the Holy See is trusted by Swiss mercenaries and has been employed for over 500 years.

The Chapel Bridge is the oldest wooden bridge in the world on the Royce River in Lucerne, and it divides it into the old and new cities of Lucerne. It was built in 1332 and has become a symbol of Lucerne with the octagonal water tower

융프라우(Jungfrau) 관광

종교개혁지를 거의 다 순례를 마친 일행은, 설산과 아름다운 산림으로 유명한 스위스 융프라우 관광에 나섰다. 인터라켄(Interlocken, 두 호수의 사이의 도시)에서 산악열차를 타고 융프라우로 가는 중간 지점에서 여장을 풀었다. 설산과 험한 산림이 울창한 산수와 경치가 참으로 가관이었지. 사진에서만 보던 경관을 실제로 서게 된 감동은 잊을 수가 없다. 시간 관계상 실제로 융프라우까지 등반하지는 못했지만 먼 발치에서라도 아름다운 장관을 관광하였다.

스위스 융프라우 설경을 배경으로 인터라켄에서 (Jungfrau in background, Interlocken, Swiss)

융프라우를 거쳐 관광버스로 우리는 제네바까지 장장 4시간 동안 스위스의 산악지대를 돌아보고 나서 제네바에 도착하였다.

제네바(Geneve)에서는 종교개혁자 J. 칼뱅의 업적을 돌아볼 여정이었지만, 마침 정석(Michael)이가 미동부 한인변호사협회에서 선구자상(Trail Blazer Award)을 다음날인 2017년 6월 15일에 수여 받기로 되어 있었다. 우리 부부는 남은 여정을 취소하고 새벽에 출발하여 뉴욕으로 귀향하여 오후에 진행되는 시상식에 참여할 수 있었다.

SIGHTSEEING IN JUNGFRAU, SWISS

After making a pilgrimage to almost all of the Reformation sites, we went to Switzerland to visit the Jungfrau, famous for its snowy mountains and beautiful forests. I took the mountain train from Interlaken (the city between the two lakes) and stopped at the middle point to Jungfrau. I can't forget the moment when I was able to see the scenery before me (depicted in the photo).

정석, 선구자상 수상
(Michael, Trail Blazer Award)

2017년 6월 15일, 미동부 한인변호사협회의 제31회 연례 경축 만찬 행사('Beacon in Hand: Leading the Way' 31st Anniversary Gala, KALAGNY)가 열렸다. 〈손에 횃불을 들고, 길을 개척하며〉라는 주제로 미 주류사회에서 활약하는 350여 명의 변호사가 참석한 행사다. 이 자리에서 아들 정석이가 '선구자상(Trail Blazer Award)'이라는 귀한 상을 받았다. 정석이 개인적으로는 매우 영광스러운 일로 개척자로 인정받는 귀한 상이기도 하고, 또 우리 집안의 영광이요 하나님의 또 다른 크신 축복임에 감사를 드린다.

정석이가 수상소감을 하는 중에 제 아빠가 '다은(Dawn)' 이름을 부르며 칭찬하는 말을 들으면서 부끄러워하던 모습이 눈에 선하다.

오늘 이 상을 받기까지 옆에서 내조에 충실한 우리 집안의 큰며느리 은하에게 시아버지로서 그동안의 노고와 헌신에 대해 무한한 감사와 더불어 그 공을 치하하고자 한다. 친구들을 대표에서 김시규 님 부부, 식구들을 대신하여 이세남과 승주 부부, 영선과 용우, 홍석, 덕호가 참석하여 기쁜 시간을 가졌다. 그동안 땀 흘리며 살아온 삶의 열매인 양 참으로 흐뭇한 하루였다.

Trailblazer Honoree

Michael Rhee, Esq.

Vice President and General Counsel to the Durst Organization

In January 2017, Michael J. Rhee was named General Counsel to The Durst Organization. Michael joined The Durst Organization in 2012 as Corporate Counsel and he was named Vice President in 2015.

As General Counsel, Michael handles the day-to-day legal affairs of The Durst Organization and its 1,200 employees. He is also closely involved with the company's acquisition, construction, development, financing and leasing activities.

The Durst Organization, founded in 1915 by Joseph Durst, is the owner, manager and builder of 13 million square feet of premiere Manhattan office towers and 1,950 residential rental units with 3,400 in development. The Durst Organization is recognized as a world leader in the development of high-performance and environmentally advanced commercial and residential buildings.

Prior to joining Durst, Michael was Special Counsel in the real estate department at Fried, Frank, Harris, Shriver & Jacobson LLP. He began his legal career at Battle Fowler LLP and spent 14 years in private law firm practice.

Michael was born in Brooklyn, NY and grew up in Staten Island, the son of hardworking Korean immigrants. He graduated from Cornell University with a Bachelor of Science degree and he served as President of the Cornell Korean Students Association during his undergraduate years. He went on to graduate from St. John's University School of Law, where he was Articles and Notes Editor for the *St. John's Law Review*.

Michael regularly supports the annual Korean American Community Foundation (KACF) Golf Classic. When not slicing golf balls into the woods, he enjoys running and spending family time with his wife, Bonnie (also an attorney) and daughter.

정석 공로 소개 (Introduction to Honoree of Michael) Michael, Trail Blazer Award

정석의 만찬장 수상소감 장면 Trail Brazer Award's Speech, Annual Banquet, KALAGNY, New York, 2017

Michael, Trail Blazer Award

On June 15, 2017, the 31st KALAGNY Gala of the Eastern Korean-American Bar Association was held; its theme was "BEACON in HAND: LEADING the WAY". It was an event attended by 450 lawyers. Michael was recipient of the Trail Blazer Honoree. It was really a precious award that recognized Michael, and it was also another great blessing from God to our family.

미동부 한인변호사협회 선구자상을 수상하며

- 우리 부모님 회고

이정석

여러분 감사합니다.

이 시간 여러분들과 옛날을 회상하기를 바랍니다.

8학년 학교의 마지막 날, Pietromonoaco 선생님께서 오렌지 봉투를 전해 주셨습니다. 하루종일 기다리던 것이었습니다. 나는 천천히 백색 카드를 꺼냈습니다. 학년 성적표였지요. 내가 해내고 말았습니다! 올해 누적 평균 96%지요. 나는 집으로 달려갔습니다. 보통 걸어서 25분 정도 걸리었습니다. 나는 10분 만에 집에 도착해 가방을 바닥에 던져놓고 우리 엄마가 저녁 준비를 위해 일찍 집에 있다는 것을 깨닫게 되었죠.

나는 엄마에게 성적표를 보여. 한국어로 엄마는 "아들아, 참으로 장하다. 잘했구나." 저를 추켜 주시며 축하해 주셨어요. 아빠를 기다리는 동안 과일을 간식으로 주셨습니다. 오후 6시경에 마침내 아빠가 집에 도착하여 나는 그를 방으로 따라가서 내 성적표를 보여드리니, 나를 보시며 "아주 잘 했구나. 나머지 4%는 어디에 있느냐?"라고 반문하심으로 내 속이 뒤집히는 것 같았습니다.

1972년 여름에 뉴욕에 오기 전에 부친이신 이기웅 님은 서울대학교에서 공중보건학 석사학위를 취득했으며 모교 고려대학교에서 교편을 잡고 있었습니다. 나의 엄마 신경애 님은 서울의 동덕여자대학교 약학대학을 나와 약사 면허를 취득했습니다.

그 당시 짧은 기간 내에 학위를 마치고 돌아갈 계획으로 미국에 오셨습니다. 우리 아버지는 뉴욕대학교에서 두 번째 석사학위를 취득했습니다. 뉴욕의 23가에 위치한 V.A. Medical Center에서 낮 근무를 하시고, 저녁에는 대학원에서 학업을, 토요일에는 다른 병원에서 근무하며, 일요일에 학과공부를 합니다. 그는 한 주일에 7일 동안 멈추지 않고 일을 했습니다. 아버지는 내 인생의 처음 몇 년 동안 내가 자라는 것을 거의 볼 수 있는 기회가 거의 없었습니다. 우리 엄마 또한 식료품 가게의 계산원으로서 파트타임 일을 했지요.

1977년 11월, 우리 아빠는 뉴욕에서 그의 석사학위를 취득 후 병원에서 계속 근무를 했지요. 그 직후 그는 직장을 그만두었습니다. 어린 시절 제대로 치료받지 못한 질병으로 인해 심장질환을 갖고 있어 직장을 포기해야 했습니다.

최선의 치료를 받기 위해 부모님이 계시고, 서울의 친구, 가족 및 고려대학교로 돌아갈 계획을 포기합니다. 그들은 뉴욕에 머물기로 결정합니다. 1975, 우리 아빠는 뉴욕에서 그동안 모은 저축금으로 그들은 Stuyvesant 마을 근처의 주류 상점을 구입합니다. 그러나 너무 위험했었습니다. 2년 정도 운영하다가 상점을 팔았습니다.

그들은 Borough Park의 13번가와 41번째 거리에 있는 Carvel Store를 사기 위해 나머지 저축금을 사용했습니다. 우리는 상점에서 가까운 아파트에서 살았습니다. 나는 그 당시 어린아이이고 부모님이 직면한 도전을 알지 못합니다. 그러나 감사할 수 있는 것은 내가 먹을 수 있는 가게의 모든 아이스크림이었습니다! 오, 소프트 카벨 바닐라 아이스크림. 그것은 천국이었습니다. 가게는 유대인 마을이 이웃에 있어 동네 코셔 아이스크림 가게가 되었습니다. 사업이 급성장했습니다. 그들이 마침내 충분한 돈을 절약하여, 그들은 Staten Island의 Wyona Avenue에서 붉은 벽돌집을 샀습니다. 그들은 미국의 꿈을 실현하며 살고 있었습니다.

우리 부모님은 결국 브루클린 가게를 팔고 스태튼 아이랜드에서 카벨 상점을 샀습니다. 그들은 결국 그곳에 여러 개의 카벨 상점을 열었습니다. 그들은 또한 편의점을 열고, 세탁소, 그리고 식료품 가게도 열었습니다. 나는 그들이 어떻게 여러 상점을 운영 하는지 모릅니다. 나는 그들이 일하고, 일하는 것만 보았습니다. 그들은 그 나머지 4%를 향해 전진하고 있었습니다.

부모님이 겪었던 것을 보고, 나는 그들의 열심히 일하고 자랑스러워할 수 있는 모든 것을 하고 싶었습니다. 한국 이민자 가족의 성공을 보여주는 가장 좋은 방법은 무엇입니까? '의사가 되다!' 였습니다.

그 직후 저는 그만두도록 강요당했습니다. 제가 1991년에 코넬대학교에서 첫해, 의과대학 갈 준비를 하고 있었습니다. 경쟁은 치열했습니다. 나는 첫 학기에 OK등급을 얻었지만 압력을 느꼈습니다. 나에게 그렇게 쉽지 않은 과목들을 열심히 하였습니다. 나는 두 배로 공부했습니다. 나는 도서관에서 늦은 밤을 새웠습니다. 나는 또한 1992년 여름에 추가 로 수업을 듣기 위해 학교에 머물다. 그런 어느 여름날 하루, 전화가 왔습니다.

"안녕하세요? 아빠." "아들아, 생물학에서 'c' 점수를 받았더라." 그 순간 나는 위가 뒤틀리는 기분이었지요. 나는 이 수업이 '벨 커브'에 있고 누군가가 'C'를 받게 되어 있다고 설명드렸지요. 모든 과목에는 모두 'C'가 있다는 것을 우리 아빠에게 설명하려고 노력했습니다. 그는 기뻐하시질 않았습니다. 그러나 그가 어려운 시간을 보내고 있었다는 것은 분명했습니다. 아버지는 결국, 학생이요 교사였습니다. 그래서 나는 그

것을 지켰습니다. 나는 유기화학, 생리학 및 생화학을 공부했습니다. 그러나 마음대로 되지는 않았습니다. 나의 성적은 좋지 않았고 나는 별로 그 과목에 흥미가 없었습니다.

내가 그렇게 공부하는 동안 부모님은 카벨 상점 두 곳에서 땅을 사기 시작했습니다. 열량이 적은 음식 섭취의 시대가 오기 전에 부모님은 이미 아이스크림 사업이 항상 호황을 누리지 못할 것을 아신 것 같았습니다.

그들은 계획을 세웠습니다. 그들은 토지와 건물을 구입하여 사업을 보호하려고 했습니다. 그리고 적절한 시기를 극대화할 때까지 기다리고 있었습니다.

나는 부모님의 계획에 정말로 흥분했습니다. 어쩌면 그들의 계획을 실행하는 법률 학위를 받는 것은 의학 학위를 좇는 것보다 나을 것이라는 생각이 들었습니다. 나는 의사가 될 필요가 없었습니다. 결국, 나의 누나 다이앤 (Diane)이 의과대학에 이미 다니고 있었습니다. 그래서 우리는 한국 이민자 가족들의 요구사항 목록을 누나를 통해 이룰 수 있었습니다.

나는 1995년 세인트존 대학교 법과대학에서 법학을 전공하기 시작했습니다. 나는 1998년에 졸업하고 Battle Fowler 법무법인에서 부동산 전문변호사로 근무를 시작합니다. 법률 학위와 부동산 거래 경험으로 무장한, 나는 부모님이 작은 쇼핑몰에 개발 하도록 도왔습니다. 이를 통해 부모님은 은퇴할 수 있었고 마침내 노동의 열매를 즐길 수 있었습니다. 나는 아버지 이기웅 님과 엄마 신경애 님께 이 상을 바치고 싶습니다. 부모님의 열심과 엄청난 희생이 나에게 삶의 변화에 동기 부여의 기회를 주셨고 오늘밤 여러분 모두 앞에 서게 해 주셨습니다. 또한 나의 아내 은하에게 이 상을 바치고 싶고, 그녀는 내 가족의 반석이요 내 인생에서의 주춧돌입니다. 나는 피하려 노력하지만, 그녀는 나를 매일 더 나은 사람으로 만들어 줍니다. 그녀는 매우 설득력이 있습니다. 마지막으로, 나는 나의 재능 있고 아름다운 딸 메간에게도 이 상을 주고 싶습니다. 메간, 너는 내 인생의 빛이며 매일 아침 일어나서 일하고 일하고 일하고 일을 더 많이 해야 하는 이유가 된다. 너는 나의 영감이며, 내가 매일 추가로 4%를 좇는 이유가 된다.

이 개척자상을 준비해 주신 Kalagny에게 감사드립니다. Bridgette Ahn, Gala Committee Chairs, Iris Jun, David Sohn, Kalagny Officers and Board 및 Leadership Advisory Council, 이 Gala를 성공할 수 있도록 열심히 준비하신 여러 임원께 감사드립니다.

마지막으로, 나는 오늘밤 여기에 있는 모든 친구와 후원자에게 감사하고 싶습니다. 특히 Durst 그룹, Rosenberg & Estis, Latham & Watkins, Fried Frank 외 후원해 주신 9개 회사에 무한 감사를 드립니다.

제가 경험하고 배운 것은 우리가 그것을 좋아하든 그렇지 않든 간에 변화가 일어난다는 것입니다. 마지막으로, 나는 오늘밤 여러분들 중 많은 사람이 모두 알고 계신 Andy Hahn께서 12년 전에 내 경력의 중요한 변환 때 저에게 책을 주셨습니다. Spencer Johnson 박사께서 저술한 그 책은 《누가 내 치즈를 옮겼을까?》 이 책은 치즈의 공급, 가장 좋아하는 음식과 관련된 상황에서 다른 캐릭터가 어떻게 반응하는지를 탐구하고 있습니다. 내 인생 여정과 공감하는 3가지 격언이 있습니다.

1. 행동을 취하고 변화에 적응하십시오.– 더 빨리 낡은 치즈를 치웁니다. 빠를수록 새로운 치즈를 즐길 수 있습니다.
2. 변화를 예상하고 계획을 세우십시오.–치즈를 준비하십시오.
3. 탐험하고 성장을 계속 하십시오! 일들이 좋을 때조차도.– 치즈는 계속 움직일 것입니다.

여러분의 인생이 어디에 있든지 (그리고 나는 이 방의 여러 많은 사람이 성공하셨음을 알지만.) 당신이 행복하기를 바랍니다. 그리고 무엇을 하시든지, 그러나 절대로 나머지 4%를 좇는 것을 멈추지 마시길 바랍니다. 절대적으로 해야 하지 않는다면 유기화학을 공부하지 마시길 바랍니다. 오늘 저녁을 즐기시길 바랍니다! 감사합니다

2017 KALAGNY Trailblazer Award

Speech by Michael Rhee

Thank you Young.

Allow me to take you back in time….

Last day of school. 8th grade. Mrs. Pietromonaco hands me the orange envelope. I have been waiting for it all day. I slowly pull out the white card. My report card.

I did it! A 96% cumulative average for the year. I run home.

It's usually a 25-minute walk. I'm home in 10. I run up the front brick steps. I put my key into the lock and turn the latch. I run in, throw my bag on the ground and then realize my mom is home early from work to make dinner! I hand her my report card. My mom says - KOREAN - You did great son; Congratulations! She is elated. She peels some fruit which I snack on as I wait for my dad. It's just after 6pm. Finally, my dad gets home. I follow him to his room and hand him my report card. He takes a look He then looks at me and says "Good, but where is the 4%?!" My stomach drops. It's usually a 25–minute walk. I'm home in 10. I run up the front brick steps. I put my key into the lock and turn the latch. I run in, throw my bag on the ground and then realize my mom is home early from work to make dinner!

Before coming to New York in the summer of 1972, my dad, Kiewoong Walter Rhee earned his Master's degree in Public Health from Seoul National University and taught at his alma mater, Korea University. My mom, KyungAe Katherine Rhee earned her pharmacy degree from DongDuk Women's University in Seoul.

It was supposed to be a short visit. My father came for a second Master's degree in Physical Therapy from NYU. The program places him at the VA medical center on 23rd Street and First Avenue where he works during the day. He goes to school at night and he picks up an extra hospital shift on Saturdays, studies on Sundays. He's going non–stop 7 days a week

He hardly has a chance to watch me grow up for the first few years of my life. My mom chips in and gets a part–time job as a cashier at the corner grocer.

1975. My dad has his Master's degree from NYU and continues to work at the hospital. Shortly thereafter he is forced to quit. It turns out that he has a heart condition from a childhood illness that was never properly treated. It prevents him from the grueling work of a Physical Therapist.

To get the best medical treatment, my parents abandon their plans to go back to their friends, family and Korea University in Seoul. They decide to stay in New York.

With their small savings, they buy a half-share of a liquor store near Stuyvesant Town on 14th Street and Avenue A with a partner. 14th and A was a rough neighborhood back then. It was so dangerous that within a year, they sold their share in the store back to their partner.

They used their remaining savings to buy a Carvel store on 13th Avenue and 41st Street in Borough Park, Brooklyn. We lived in an apartment steps away from the store. I was a young child at the time and was oblivious to the challenges my parents faced.

What I could appreciate, however, was all the ice cream I could eat! Oh, the soft-serve Carvel vanilla ice cream. It was heaven.

Their store was in a Jewish neighborhood and became THE neighborhood kosher ice cream shop. Business was booming. When they finally saved up enough money, they bought a red brick house on Wyona Avenue in Staten Island. They were living the American dream.

My parents eventually sold the Brooklyn store and bought a Carvel store on Staten Island. They eventually opened multiple Carvel stores on the island. They also opened a convenience store, then a dry cleaner, and then a grocer. I don't know how they juggled multiple stores. I watched them work, work and work some more. They were pushing for that extra 4%.

Seeing what my parents went through, I wanted to do all that I could to honor their hard work and make them proud. And what's the best way to demonstrate success of a Korean immigrant family? Become a doctor!

Now it's 1991. First year at Cornell University. Premed and ready to go. The competition was fierce. I got OK grades in my first semester, but I felt the pressure. What used to be so easy for me, was now hard. I doubled-down. I pulled late nights at the library. I also stayed in Ithaca for the summer of 1992 to take extra classes. Then one day that summer, the phone rings. HI dad. Son, you got a 'C' in biology. My stomach dropped. I tried to explain to my dad that these classes are all on a 'bell-curve' and someone had to get a 'C'. He was not amused. But it was clear that he understood I was having a hard time. He was, after all, a student and a teacher. So, I kept at it. I took organic chemistry, physiology and biochemistry. It was not working. My grades were not good. And I just wasn't interested.

While I was slogging through school, my parents started buying the land under two of their Carvel stores. Before all the low carb diets, they somehow knew the ice cream business would not always be booming. They had a plan. They would protect their businesses by buying the land and building equity. They wanted to wait for the right time to develop and maximize their use.

I got really excited talking with my parents about their plans. Maybe having a law degree to help them execute their plan would be better than chasing a medical degree.

I didn't have to be a doctor. After all, my older sister Diane was on track to become the family doctor. So, we could check that off the list of requirements for a Korean immigrant family.

It's 1995 and I start law school at St. John's University School of Law. I graduate in 1998 and start as a real estate associate at Battle Fowler. Armed with a law degree and transactional real estate experience, I helped my parents develop those two properties into small shopping malls.

With these properties, they have been able to retire and are able to finally enjoy the fruits of their labor.

I want to dedicate this award to my parents, Walter and Katherine Rhee, who worked so hard and made tremendous sacrifices to give me the opportunities I have had and allowed me to make the changes in my life so that I could be here in front of all of you tonight.

I also want to dedicate this award to my wife, Bonnie. The rock in my family and the foundation in my life. I try to resist, but she makes me a better person each and every day. It must be the litigator in her. She is extremely persuasive.

Last but not least, I dedicate this award to my talented and beautiful daughter, Megan. Megan, you are the light of my life and the reason I get up every morning and work, work and work some more. She is my inspiration and the reason why I chase that extra 4% every day.

Thank you KALAGNY for this trail blazer award. Thank you, President Bridgette Ahn, the Gala Committee Chairs, Iris Jun and David Sohn, the KALAGNY officers and Board and the Leadership Advisory Council, as well as all those who worked so hard to make this Gala a success.

Lastly, I want to thank all of the friends and supporters who are here tonight. In particular… The Durst Organization

1. Rosenberg & Estis
2. Latham & Watkins
3. Fried Frank
4. Greenberg Traurig
5. Loeb & Loeb
6. Troutman Sanders
7. Stroock
8. Patterson Belknap
9. Genova Burns
10. Baker & Hostetler
11. Davis Polk
12. Schulte Roth

What I have learned is that change is going to happen whether we like it or not.

Andy Hahn, who many of you all know (and love) gave me a book 12 years ago when I was dealing with changes in my career. The book was "Who Moved My Cheese?" by Dr. Spencer Johnson. The book explores how different characters react to change in circumstances related to their supply of cheese, their favorite food.

Here are 3 adages that resonate with MY journey.

1. Take Action and Adapt to Change. –The Quicker You Let Go of Old Cheese, the Sooner You Can Enjoy the New Cheese.
2. Anticipate Change and Have a Plan. –Get Ready for The Cheese to Move.
3. Continue to Explore and Grow! Even When Things are Good. –The Cheese Will Keep Moving.

Wherever you are in life (and I know many of you in this room are successful), I hope you are happy… but NEVER stop chasing that extra 4%.

And whatever you do,

Do not take organic chemistry unless you absolutely have to.

Enjoy the evening! Thank you.

홍석(Matthew) 약혼

리애와 홍석 약혼식 (Rie & Matthew's Engagement Ceremony, Irvington, NY) 2020.

어렵고 힘든 치의학 공부를 마칠 즈음, 때를 맞춰 홍석의 영원한 반려자를 맞게 되니 이 또한 하나님이 우리 집안에 내려주시는 은혜이며 축복의 큰 경사였다.

약혼자 리애(Rie)도 치과대학 졸업반으로 명년에 졸업하면 결혼할 예정으로, 2020년 9월 23일 코로나바이러스가 창대함으로 양가 부모님만 참석한 가운데 신부집(Irvington, N.Y.)에서 약혼식을 하였다. 때에 맞춰 준비해 주시는 하나님의 그 섭리에 무한 감사를 드린다.

ENGAGEMENT OF RIE & MATTHEW

It is difficult enough to study dental medicine but to also meet your future wife at the same time is quite an accomplishment. It was by the grace of God and all his blessing that Matthew started, finished dental school, and became engaged to Rie Inaba. They are set to get married.

은퇴 후 현재의 삶

지금 나의 여생을 허송세월하지 않으려고 그동안 하지 못했던 아쉬운 부분을 보완하는 값진 여생이 되길 바라며 은퇴 생활을 하고 있다. 세월이 너무 너무 빨리 흘러가고 있다.

지난 70여 년을 돌아보니 그동안 많은 사람을 만났고, 또 그분들과 친교도 나누며 인생 계획도 세워 보았다. 우리 한인사회에서 장차 미국에서 살아갈 장래의 우리의 2세들의 앞날들을 위해 토의와 고민도 하였다. 그래서 작은 힘이나마 도움이 되고자 몸소 실행도 해왔으며, 지금도 우리 한민족의 후손들이 미 주류사회에 깊은 뿌리를 내리는 데 작은 힘이 되고자 노력하면서 살고 있다.

이 세상 삶에 있어서 가장 중요한, 그 중의 제일은 믿음과 소망을 갖고 사랑을 실천함이 으뜸이라 여겨지며, 그다음은 반려자, 또 친구의 소중함을 새삼 느끼며 살고 있다.

비록 늦게 만났지만 가깝게 지내는 절친 김시규(Simmon S. Kim)님은 하나님께서 늦은 시기에 외롭게 지내지 말라고 내 생애 최상의 선물로 보내주신 분이 아닌가 여길 정도로 나의 요즘 생활에 활력을 불어넣어 주고 있다. 이 자리를 빌려 재삼 감사함을 드린다. 아무쪼록 나의 후손들도 자신의 주위에 가까이 있는 분들을 소중히 생각하면서 깊은 사랑을 베풀며 사는 축복된 삶이 되길 바란다. 세월이 아무리 흘러도 변치 않을 불문율은 "대접받고자 하는 만큼 상대방을 대접하라.(Treat the people the way you want to be treated.)"을 실천하며 받은 축복을 삶을 통해 누리고 또한 그 은혜를 주위와 사랑으로 나누며 살아가길 기도하고 있다.

점점 시력이 떨어지고, 특히 밤운전이 힘들어 특별한 경우가 아니면 운전을 안 하다 보니, 수요예배와 저녁에 행해지는 교회의 모든 행사에 자주 참여치 못함이 매우 아쉽다. 또 방금 생각이 있어 해야지 하며 돌아섰다가 무슨 일을 하려고 했는지 생각이 나질 않아 마음의 답답함이 종종 일어나고 있다.

인간 수양의 근본을 물이 가진 일곱 가지의 덕목에서 찾아야 한다고 했는데

. 낮은 곳을 찾아 흐르는 – 겸손
. 막히면 돌아 갈줄 아는 – 지혜
. 구정물도 받아 주는 – 포용력
. 어떤 그릇에도 담기는 – 융통성
. 바위도 뚫는 끈기와 – 인내
. 장엄한 폭포처럼 투신하는 – 용기
. 유유히 흘러 바다를 이루는 – 대의

아름다운 인생은 물처럼 사는 것이라고 했듯이, 나의 후손들은 물과 같은 내공으로 아름다운 선의 경지를 이루고 살길 바란다.

PRESENT LIFE AFTER RETIREMENT

Even after retirement, I set a goal that the rest of my life would not be wasted, and I would lead a valuable life without regrets. I have found that time is passing too fast. After living for the past 70 years, I have met many people, shared friendships with them, enriched and ensured the future of the second generation of Koreans living in the United States. I did my best to implement my own thoughts, and I have tried to help descendants of the Korean people to be a small force in taking deep roots in mainstream American society. Among the most important things in this life is to practice love with faith and hope; everything else will fall into place. I value my best friend, Simon S. Kim. He meets up with me even if it is late and stays close by my side. I treasure his friendship and I feel that God gave him to me as the best gift of my life so that I will not be lonely in this late stage of life.

I would like to thank God again at this moment. I have lived a blessed life by sharing deep love with the people around me by following the eternal golden rule "Treat the people the way you want to be treated."

It has been said that the root of human discipline can be found in the seven virtues of water:

· Know how to flow in search of a low place — modesty
· Know how to go back when facing an bstacle — wisdom
· Know how to accept and join old bodies of water — tolerance
· Know how to adapt to any situation — elasticity
· Know how to break through obstacles such as rocks — patience,
· Know how to shine like a majestic waterfall — courage,
· Know how to flow leisurely and form the sea — represent.

After the start of the Korean War, 71 yr old 5-star Marshal MacArthur took over as commander-in-chief of the UN forces. He commanded the Incheon landing operation on September 15, 1950, thus reversing the war and successfully driving the North Korean army to the Manchurian border. After China intervened, MacArthur insisted on the bombing of Manchuria, blockade of the coast of China, and the use of Taiwanese troops. He was dismissed from the post of supreme commander in April 1951 after disagreement with President Truman. After his return home, General MacArthur, delivered a dramatic 37-minute speech at a joint meeting between the House and Senate on April 19, 1951; it was interrupted 28 times due to audience applause. It is also called the "OLD SOLDIERS NEVER DIE" Speech. Using the last part of this farewell speech, I would like to close this short story of my life by introducing General MacArthur's "Prayer for Children" as it is in my heart.

한국 전쟁이 발발하자 71세인 오성 원수 맥아더 장군은 UN군 총사령관으로 부임하여 1950년 9월 15일 인천상륙작전을 지휘, 전세를 역전시켜 북한의 인민군을 만주 국경까지 몰아내는 데 성공하였으나 중공군이 개입하였다. 이에 맥아더 장군은 만주 폭격과 중국 연안 봉쇄, 대만군의 사용 등을 주장하였고, 이로 인해 트루먼 대통령과의 갈등으로 1951년 4월 최고사령관직에서 해임되었다.

해임 통보를 받고 귀국한 맥아더 장군은 1951년 4월 19일 상하 양원 합동회의에서 37분간의 매우 감동적인 연설을 했는데 박수 때문에 28번이나 중단되었다. 이 연설에서 맥아더 장군은 "노병은 결코 죽지 않고 사라질 뿐이다.(Old Solidiers Never Die Speech.)"라고 했다. 이 고별 연설의 마지막 부분을 소개하며, 맥아더 장군의 '자녀를 위한 기도문'이 작금의 내 심정과 같기에 소개하면서 내 인생의 단편 이야기를 끝내고자 한다.

After the start of the Korean War, 71 years old 5-star Marshal MacArthur took over as commander-in-chief of the UN forces. He commanded the Incheon landing operation on September 15, 1950, thus reversing the war and successfully driving the North

Korean army to the Manchurian border. After China intervened, MacArthur insisted on the bombing of Manchuria, blockade of the coast of China, and the use of Taiwanese troops. He was dismissed from the post of supreme commander in April 1951 after disagreement with President Truman. After his return home, General MacArthur, delivered a dramatic 37-minute speech at a joint meeting between the House and Senate on April 19, 1951; it was interrupted 28 times due to audience applause. It is also called the "OLD SOLDIER NEVER DIE" Speech. Using the last part of this farewell speech, I would like to close this short story of my life by introducing General MacArthur's "Prayer for Children" as it is in my heart.

"저는 지금 52년간의 군 복무를 마치려고 합니다. 제가 처음 군대에 입대할 때, 20세기가 시작되기도 전이었습니다만, 그것은 제 소년 시절의 모든 희망과 꿈의 실험이었습니다. 제가 웨스트 포인트 연병장에서 임관하던 그날 이후로 세상은 여러 번 바뀌었습니다.

그리고 저의 희망과 꿈도 오래전에 사라졌지만, 저는 그 시절 가장 즐겨 부르던 어느 군가의 후렴 한 구절을 기억하고 있습니다. 그 노래는 '노병은 죽지 않고, 다만 사라질 뿐이다'라고 당당하게 선언하고 있습니다. 그리고 그 노래 속의 노병처럼 이제 저는 제 군생활을 마감하고 사라지려고 합니다.

신께서 의무에 대한 깨달음을 주신 바에 따라, 자신의 의무를 다하려고 애쓴 한 노병으로 말입니다. 감사합니다."

“I am closing my 52 years of military service. When I joined the Army, even before the turn of the century, it was the fulfillment of all of my boyish hopes and dreams. The world has turned over many times since I took the oath on the plain at West Point, and the hopes and dreams have long since vanished, but I still remember the refrain of one of the most popular barrack ballads of that day which proclaimed most proudly that ‘old soldiers never die; they just fade away.’

And like the old soldier of that ballad, I now close my military career and just fade away, an old soldier who tried to do his duty as God gave him the light to see that duty.

Meanwhile, General MacArthur also left the following ‘Prayer for Children’ for his descendants.

I want to leave it here because it is a prayer that expresses my feelings and gives a lot of emotion.”

맥아더 장군은 자손을 위해 다음의 〈자녀를 위한 기도문〉도 남겼다. 이 글이 나의 내 자녀들에 대한 심정을 대변하고 감회를 주는 기도이기에 여기에 남기고자 한다.

나에게 이런 자녀를 주옵소서

약할 때에 자기를 돌아볼 줄 아는 여유와
두려울 때 자신을 잃지 않는 용기를 가지고
정직한 패배에 부끄러워 하지 않고 태연하여

승리에 겸손한 온유한 자녀를 주옵소서

생각해야 할 때에 고집하지 말게 하시고
주를 알고 자신을 아는 것이
지식의 기초임을 아는 자녀를 주옵소서.

원하옵나니 그를
평탄하고 안이한 길로 인도하지 마옵시고
고난과 도전에 직면하여
분투 항거할 줄 알도록 인도하여 주옵소서

그리하여
폭풍우 속에서 용감히 싸울 줄 알고
패자를 관용할 줄 알도록 가르쳐 주옵소서.

그 마음이 깨끗하고
그 목표가 높은 자녀를
남을 정복하기 전에 먼저 자신을 다스릴 줄 아는 자녀를
장래를 바라봄과 동시에 지난날을 잊지 않는 자녀를
내게 주옵소서.

이런 것들을 허락하신 다음 이에 더하여
내 자녀에게 유우머를 알게 하시고
생을 엄숙하게 살아감과 동시에
즐길 줄 알게 하옵소서.

자기 자신에게 지나치게 집착하지 말게 하시고

겸허한 마음을 갖게 하시사
참된 위대성은 소박함에 있음을 알게 하시고
참된 지혜는 열린 마음에 있으며
참된 힘은 온유함에 있음을 명심하게 하옵소서.

그리하여 어느 날 나 아버지는
내 인생을 헛되이 살지 않았노라고
고백할 수 있도록 도와주시옵소서. 아멘.

'A FATHER PRAYER'

By General Douglas MacArthur, May 1952

Build me a son, O Lord,
Who will be strong enough to know when he is weak;
And brave enough to face himself when he is afraid;
One who will be proud and unbending in honest defeat, and humble and gentle in victory.
Build me a son
Whose wishes will not take the place of deeds; A son who will know Thee?
And that to know himself is the foundation stone of knowledge.
Lead him, I pray, not in the path of ease and comfort,
But under the path and spur of difficulties and challenge.
Here let him learn to stand up in the storm;

Here let him learn compassion for those who fail.

Build me a son

Whose heart will be clear, whose goal will be high,

A son who will be master himself before he seeks to master other man,

One who will reach into the future, yet never forget the past.

And after all these things are his, add, I pray,

Enough of a sense of humor,

So that he may always be serious,

Yet never take himself too seriously. Give him humility,

So that he may always remember the simplicity of true greatness,

The open mind of true wisdom,

And the meekness of true strength. Then I, his father, will dare to whisper, "I have not lived in vain. Amen

아내 70세 진갑연 (Wife's 70th Birthday Families' Gathering) 2016.

이흥남 형님 뉴욕 방문 (Brother Heung-Nam Lee visited N.Y.)

홍석 치과대학 입학 축하파티 (Farewell Party of Matthew for Loma Linda University Dental College, N.Y. Yankee Stadium) 2017.

한국 식구들 모임 Family Gathering, 1981

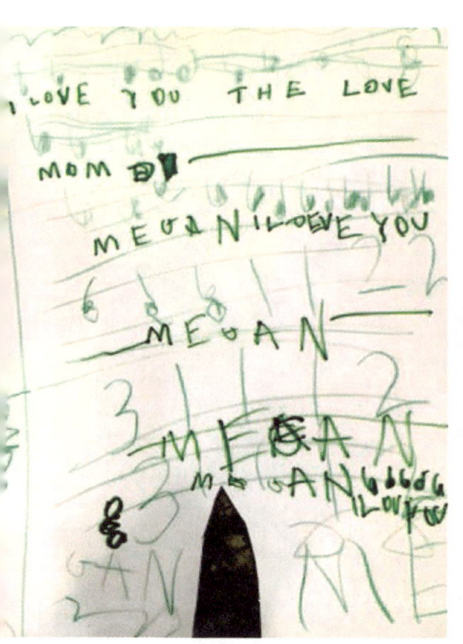

ㅕ 다은 5살 때 작곡 (Composed by Megan at
ears Old) 2015.

장녀 영선 식구들: 상준, 상현, 영선, 용우 (Visiting Korea, Ryan, Diane, Timothy, Yong Woo Lee) 2018.

다빈 돌잔치: 선, 상준, 용우, 홍석, 둘째 손녀 다빈, 정석, 둘째 며느리 리애, 저자, 상현, 첫째 며느리 은하, 장남 정석 Megan Dawn, , 아내, 2019.

홍석 약혼식을 마치고 (Engagement of Rie & Matthew, Tak Inaba, DDS, Miji Inaba, Rie, Matthew, Mom, Myself) 9. 23. 2020.

미동부 한인변호사협회 선구자상 수상식에서: 용우, 영선, 정석, 은하, 홍석, 다은 (Trail Blazer Award, KALAGNY, N.Y.) 2017.

고국 방문 시: (왼쪽) 처조카 사위 노재열 박사, 김영식 박사, 처제 신명균 박사 (오른쪽) 처 신경애 권사, 본인 (Jae Yeol Roh, J.D., YongShik KIM, MD, MyungKyun Shin, MD, Wife, myself) 2018.

집사람과 두바이, 아랍에미리트 관광: Dubai, United Arab Emirates, 2013

이균형 형님 뉴저지 우리 집 방문: →김시규 님, 이균형, 승주, 형수, 집사람, 본인(Visiting of Rhee, Kyun Hyung, Fort Lee, N.J. 2017)

스위스, 융프라우에서 (Junfrau, Switzland) 2017

알류션 열도를 배경으로(Aleutian Isles, Crossing Pacific Ocean, from Vancouver to Tokyo) 2018.

페루 마추픽추 (Machu Pichu) 여행: 승주, 경자, 수현 식구들과 2018.

크루즈여행 중 선상에서: →저자, 아내 경애, 친구 며느리, 임규철, 일본인, 조남정 목사, 이선부 님, 임관일 장로 (Cruising Pacific Ocean from Vancouver to Tokyo, Celebrity Millennium Sept.) 2018.

4장

꿈은 이루어진다

아내 **신경애**

Katherine KyungAe Rhee

홍석 결혼식 참석을 준비하며 Fort Lee 집 정원 앞에서. 6. 26. 2021

감사의 글

먼저 오래전에 떠나신 부모님께 이 귀한 세상에 태어나게 생명 주셔서 그 감사함을 이 글로 남겨 드립니다.

하나님이 지으신 귀한 세상에서 값진 삶을 살 수 있도록 저를 낳으시고 교육하며, 양육시켜 주신 부모님의 그 깊으신 자애와 헌신에 어찌 감사를 드려야 할지 내 마음이 아려온다.

또한 주님의 풍성한 은혜와 축복을 듬뿍 받아 나의 이토록 귀한 어여쁜 자녀들을 선물로 받았으니 얼마나 감사한 일인가! 귀하게 성장해 자신들에게 주어진 짐을 잘 이기며 살고 있어 이 또한 감사 한다. 이 세상의 빛과 소금의 역할을 충실히 이행하여 주님의 성호를 날마다 높여 드리며 이 세상에 천국 건설의 일익을 담당하는 자손들이 되어 주길 두 손 모아 기도드린다.

내 나이 76세, 세월이 너무 빨리 흘러갔구나!

한 민족의 얼을 이어받은 우리의 후손들이 축복 받은 이 땅 위에 깊은 뿌리를 내려 풍성히 받아든 그 축복을 감사히 누리고, 많은 사람과 나누며 삶으로써 주님의 그 깊으신 뜻을 펼쳐 가며 살아가는 후손들이 되어 주길 기도한다.

친구 **최희숙** 권사

신경애 권사님, 칠순이 넘어 백발이 성성한 나이에 그래도 열심히 연지 찍고 곤지 찍고 콧노래 부르며 운전대를 잡고 달려온 딸네집, 부리나케 맛난 음식 뚝딱 우리 손자 손녀 딸 사위 먹인다고 겅중겅중 뛰려는 내게 전화 벨 소리 내 가방 속에서 아우성치며 들려온다.

뛰어가 받으니 황혼길에 귀하게 만난 우리 친구 경애, 신경애 권사님이다. 그렇지 않아도 궁금하던 차에 우선 반갑다고 수다부터 떨며 그 동안 일어났던 서로의 일들을 이야기하며 깔깔댄다. 그런데 나에게 부탁을 하나 한다고 하니 내 귀는 궁금해 쫑긋거린다. 정말 나에게 고맙고 한 번쯤 누구에게 자랑할 만한 친구라고 생각했는데 마침내 기회가 온 것 같다.

자서전을 썼는데 자기에 대해서 한마디쯤 글을 써 달라는 부탁이다. 쾌히 승낙하며 10년이면 강산도 변한다는데 우린 올해가 꼭 10년이다. 아니 10년하고도 6개월이 지났다. 그리고 어느 날 롱아일랜드에서 36년 살다 딸 때문에 모든 것 걷어치우고 와서 첫 번째로 찾은 교회가 지금의 아콜라 교회다. 첫 예배를 드리고 친교실에 어리둥절하며 식탁에 앉았는데 제일 먼저 눈에 들어온 신경애라는 권사님. 가지런히 그리고 얌전히 빗어 내린 단발머리에 말없이 조용히 앉아 있는 모습이 내 눈에 들어오며 그래서 사귀고 싶은 권사님이었다. 한 주일, 두 주일 지나면서 마침 같은 선교회 소속이라 가까워지는 기회가 되었다. 게다가 우리 집에서 멀지 않은 아주 가까운 이웃이 되어서 얼마나 좋았던지… 그리고 그날부터 지금까지 우리는 한 치의 엇갈림이 없이 지내왔다. 내가 가지고 있지 않은 여러 가지 좋은 성품과 지혜, 크나큰 살림살이에 매사에 적극적이며 열심히 그리고 차분히 일하시는 모습에 나는 늘 감동을 받는다. 더구나 남편 그리고 아이들에게 헌신 봉사하는 모습, 감히 누가 신 권사를 따르랴!

진정 친구이고 싶은 친구. 노인의 행복의 요소는 돈과 건강이라지만 노인에게도 친구가 돈과 건강 못지않은 행복의 요소라고 생각한다. 친구 사귀는 법을 등한시하고 살아온 많은 사람에게 말하고 싶다. 친구는 배우자 다음으로 귀한 존재이고 어려움이 닥쳤을 때 눈물 한 방울이라도 같이 울어줄 수 있는 친구가 있음은 인생 성공이라 아니 할 수 없다. 권사님은 이 한 사람 중에 하나인 것 같은 친구라고 생각한다. 인생 끝자락에 행복해지기를 원하다면 돈보다는 이런 친구 하나 있는 것이 더 행복하지 않을까 생각한다.

신경애 권사님은 일찍이 이기웅 장로님을 만나 아내가 아닌 '안해'(풀이하자면 집안의 해라는 뜻이다. 안해라는 존재는 늘 해와 같이 집안을 따뜻하게 하고 밝게 하는 해와 같은 존재이다.) 노릇을 잘 하셨다고 본다. 또 여자가 갖추어야 할 세 가지 '씨'가 있다는데 권사님은 그 세 가지를 갖추고 계시다고 생각한다.

첫째, 여자는 즉 안해는 마음씨가 고와야 하고

둘째, 여자는 즉 안해는 솜씨가 있어야 하고

셋째, 여자는 즉 안해는 맵씨가 있어야 한다.

마음씨도 고우시고 반찬 솜씨도 좋으시고 맵시도 그만하면 최고. 권사님께서는 이 세 가지 '씨'를 다 갖춘 여인이다.

권사님, 이젠 우리 인생 황혼 길에 만난 친구지만 저 하늘나라 갈 때까지 변치 않은 우정 지키며 손잡고 갑시다. 자서전 쓰시는데 조금이라도 동참케 해 주신 것 감사드리며 끝을 맺습니다.

| **축하의 글** |

친구 **표경숙** 권사

할렐루야!

나의 나 된 것은 다 하나님의 은혜라.

한량 없는 은혜 갚을 길 없는, 내 삶을 에워싸는 하나님 은혜,

나의 끝날까지 붙으시는 은혜가 나의 사랑하는 주님의 딸 신경애 권사님께 함께 하심을 귀로 듣고, 눈으로 보며 감사와 영광을 하나님께 드립니다.

평생 주 안에서 가족과 이웃을 향하여 끝없는 희생과 헌신으로 살아왔습니다. 불쌍히 여기시고 어여삐 보시사 주님의 말씀을 필사케 하시니 그 축복이 친구 신경애 권사와 그 자손들에게 영원히 이어져 그 가문에 믿음의 자손들로 넘치게 하시어 세상에 빛 되게 하시며, 또한 하나님께 쓰임 받아 영광이 넘치게 하시기를 간절히 축원 합니다.

40여년 넘는 우정을 나누게 하심에 감사드리고, 주 안에서 우정이 천국 그 영원한 세계까지 이어질 줄 믿고 감사드립니다.

하나님, 귀한 딸의 정성을 받으시고 모든 간구와 기도 응답 주실 줄 믿습니다. 좋은 것으로 채워 주시고 믿음 더욱 충만케 하시기를 예수님 이름으로 축복하며 간절히 기도 드립니다.

주 안에서 영원한 사랑을 드리며….

| **축하의 글** |

친구 **이희옥** 권사

하나님 감사합니다.

하나님의 시간 안에 하나님의 방법으로 언제나 어느 곳에서나 길다면 긴 세월, 짧다면 짧은 세월 속에서 지금껏 열심히 살아온 친구 신경애 권사님, 은혜 안에 가정과 친분이 있는 모든 사람에게 모범의 삶을 주시고, 또한 최선을 다한 삶을 주시고, 느지막이 만난 친구를 대하면서 늘 참 열심히 살아온 아름다운 모습입니다.

만남에 더욱 감사하고 친구의 나머지 생에 기쁨의 동반자가 다윗과 요나단과 같은 우정이기를 기도하며, 어려운 그리고 장하게 해낸 이 귀한 필사에 감히 한 말씀 드림에 감사합니다.

허리 수술에, 눈도 어렵고, 다리까지 힘든 상태에서 모든 걸 하나님 은혜에 맡기면서 열심을 다해 끝까지 해낸 친구에게 큰 박수로 축하 드립니다.

바라옵기는 하나님 안수의 손을 얹으시사 늘 건강으로 지켜 주시기만을 기도드립니다.

꿈은 이루어진다

나의 뿌리와 부모님, 형제 자매

나의 고향은 평안남도 순천군 사인장이다. 2남 5녀 중 둘째로, 딸 중에서는 맏딸로 태어났다.

아버지(신기섭)는 8남매 중 셋째아드님으로 태어나셨는데, 고려 개국공신 신수범 장군의 31세손이시다. 어머니 최기옥 님은 딸만 셋인 가정의 둘째 따님이시다.

아버지는 어린 나에게 우리 가문은 여성으로서 아주 현명하신 분, 특히 자녀 교육에 철저하고 남편을 충실히 섬겼으며 그림의 소질이 많으셨던 화가 신사임당을 배출한 평산신씨 집안이라고 말해 주시곤 했다.

우리 집은 평안남도 순천에서 살고 있었는데 내가 세 살 무렵 6 · 25전쟁이 터졌다. 나는 아버지의 어깨 위에 무등을 타고 끝없는 피난길을 평양에서 내려왔다.

내 나이 76, 옛어른들 말씀에 세월은 유수와 같다더니 그보다 더 빠른거 같다.

기억이 어슴푸레하다. 피난 내려와 정착한 곳이 서울 영등포 근교 고척동이었다.

나의 어린 시절을 떠올리면 우리 집의 아름다운 뜰이 떠오른다. 아버지와 어머니께서는 정원 가꾸기를 유난히 좋아하셨다. 뜰 안에는 많은 꽃나무와 과일나무가 있었는데 특히 생각나는 것은 빨갛게 익은 앵두나무이다. 우물 옆에 있던 앵두나무는 참 예뻤다. 지금 생각해 봐도 한 폭의 그림 같은 풍경이다. 그때는 큰 두레박으로 물을 길어 먹던 때다. 우물에서 길어 올린 물은 시원하고 달았다.

우리 집은 '균'자 돌림이다. 큰오빠는 신형균(현재 신형균산부인과 원장)은 올케 고옥신과의 사이에 2남 1녀(현구, 현정, 현복)를 두었다. 나는 둘째로 딸이라고 돌림자 '균' 대신 예쁘게 '경애'라는 이름을 지어 주셨다. 하늘을 공경하고 사람을 모두 사랑하는 뜻이다. 나는 둘째이자 장녀로 남편 이기웅 장로, 자녀로는 영선, 정석, 홍석 이렇게 2남 1녀를 두고 있다.

첫째 여동생 신경숙(남편 최규숙)은 어려서 건강이 안 좋아 늘 어머니를 신경 쓰게 하였는데 중앙대에서 피아노를 전공하였다. 자녀는 1남 1녀(덕호, 소현) 두었는데 훌륭히 자라서 둘다 변호사이다. 어려서 부모님은 남동생을 보아야 한다고 경숙이에게 돐복으로 남자 한복을 해 주셨다.

이후로 동생들은 '균' 자 돌림이다. 둘째 여동생 신명균(남편 의학박사 김영식)은 어려서부터 미(美)에 신경을 많이 쓰고 욕심이 많았다. 공부 욕심도 많아서 의대(한양의대)를 졸업하고 의사가 되었고, 지금은 '하나로병원' 부원장으로 일하고 있다. 슬하에 두 딸 선영, 임영을 두었다.

셋째 신인균(남편 최수열)은 아버지 뒤를 이어 육영사업에 뜻을 두어 살고 있다. 한국에서 평통 자문위원으로 사회봉사에 충실하며, 아버지 사업을 이어받아 보람되게 살고 있다. 자녀로 예진, 유진이 있다. 예진이는 훌륭한 영어교사이다.

넷째이며 막내딸인 신광균(남편 임익선)은 날씬한 몸매에 걸맞게 무용과를 전공하였다. 미국에 와서 일찍부터 살고 싶었으나 시어머니께서 곁에 있어 달라고 소원하셔서 한국에서 지냈다. 시어머니가 돌아가시고 두 자녀 임로사, 임승환을 데리고 미국에 온 지 얼마 안 되었다. 막내아들 신성균(아내 안경희)은 어머니를 일찍 잃어서 큰누나인 내가 보기에 안쓰러웠다. 미국 와서 두 아들 키우는 모습을 곁에서 볼 수 있게 되어 이 또한 감사하다. 슬하에 현웅과 현준이를 두었다.

아버지께서는 그 당시 공부를 많이 하셔서 영어로 대화를 할 수 있으셨다. 한 번은 손수건을 영어로 어떻게 쓰는지 보여주신다면서 내가 해독할 수 없는 자를 써서 보여주셨다. 내 생애 처음으로 영어라는 글자를 듣고 본 것이었다. 참으로 신기하게 생겼다고 생각했다. 아버지는 영어 실력이 좋아 미군들과 의사소통이 가능하셔서 그들과 교류하며 지내셨다.

미국인들과 많은 친분을 쌓았고 그들과 종종 의논도 하셨다. 아마 미군 부대의 많은 목재가 우리 집 마당에 쌓여 있었는데, 조그마한 집을 지으시면서 어디에 쓸까 의논하셨던 것 같다.

그때 아버지께서는 고향의 많은 식구와 헤어져 단신으로 이남으로 피난을 오셨던 터다. 어머니는 충청도 분이셨다. 아버지는 처가 식구와 어머니, 오빠와 함께 나와 동생을 등에 업고 피난 길을 떠나셨다. 전쟁 통에 길에 버려진 수많은 어린아이가 아버지 눈에 밟히셨다. 아버지는 그들의 아픔을 외면하지 않고 선뜻 그 아이들이 거처할 터전을 짓기로 하셨고 그것을 계기로 사회사업을 시작하셨다.

그런데 어머니는 충청도 분으로 이남에 가족도 있고 친척도 많으셔서 고향을 잃은 사람들의 어려움을 모르셔서 아버지의 뜻에 많이 반대하셨던 것으로 알고 있다. 당시 어머니는 나름대로 다른 부동산 사업을 하셨다.

친정아버지 신기섭 님, 친정어머니 최기옥님. 1969.

(上左) 친정아버지와 친정어머니/ (上右) 친정아버지 환갑연
(下左) 오빠 신형균 박사와 Canada Crusing 중에 (下右) 오빠 신형균 박사의 환갑 잔치

나의 형제들: 앞줄→ 막내 신성균, 아내 안경희, 둘째 줄 다섯째 신인균, 넷째 신명균, 본인, 올케 고옥신, 셋째 신경숙, 여섯째 신광균, 뒷줄 최수열, 김영식, 이기웅, 오빠 신형균, 최규숙, 임익선

우리 형제들이 고아들과 똑같은 환경에서 키워야 했기에 아버지의 뜻을 받아들이기에는 힘이 드셨던 것 같다. 예를 들어 아버지께서는 명절 때도 우리에게 예쁜 한복을 입지 못하게 하셨다. 우리 형제들만 한복을 입으면 그 아이들이 부러워한다면서 우리에게도 한복을 입지 말라고 하셨다. 그래서 어머니는 우리를 외가로 보내어 명절을 보내게 하셨다. 외할머니는 큰 이모님과 영등포시장에서 장사를 하셨다.

외할머니는 피난 도중에 외할아버지를 잃어버리셨다. 몸이 불편한 상태에서 피난을 오시다가 논두렁에 빠져 허우적거리던 할아버지는 식구들이 자신으로 인하여 발이 묶일 것을 염려하여 모습을 감춰 버리신 것이라고 했다. 외할머니는 시장에서 이모님과 장사를 하면서도 행인들을 예사롭게 보지 않고 먹을 것을 나누어 주곤 하셨다. 그러나 끝내 할아버지는 만나지 못하셨다.

나는 맏딸로 많은 사랑을 받으며 자랐다. 할머니는 까만 머리에 숱이 무척 많은 내 머리를 빗겨 주는 것을 참 좋아하셨다. 곱게 머리를 땋아 주곤 하셨다. 빨간색 꽃을 좋아하시는 할머니께 집 마당에서 빨간 꽃을 따다 드리곤 했다. 할머니는 꽃을 받으면서 "경애도 이 꽃같이 예쁘기도 하지."라는 말을 하셨다.

Dreams Do Come True

My name is Shin, Kyeong Ae. I was born in the town of Sain Jang, in the South Pyongan Province of what is now North Korea. I am the second of seven children. My father Shin, Gi-Seop was the third son of eight children. My father was a descendant of General Shin, Soo-Bum, one of the founding fathers of the Koryeo Dynasty. My mother Choi, Gi-Ok was the second of three girls.

I lived in Sunch'ŏn, a city in South Pyongan province of North Korea until I was 3 years old. My earliest memory as a child is of the beautiful courtyard of my childhood home. My father and mother enjoyed gardening very much. Although there were many flowers and fruit trees in the courtyard, I most fondly remember the pretty cherry tree next to the water well. I use to pull up large buckets of cool, sweet water from that well to drink. That courtyard was as picturesque as a beautiful painting.

I have six siblings: 2 brothers and 4 sisters. Most of my siblings share the common generational syllable "Kyun" in their names except for myself and one sister. The oldest child is my older brother Shin, Hyung-Kyun. He married Ko, Ok-Shin and had three children: Hyun-Gu, Hyun-Jung, and Hyun-Bok. My brother became an obstetrician.

As the second child and first daughter, I was named Shin Kyung-Ae. Instead of using the generational character, my parents wanted my name to mean "to honor the heavens and love all people." I married Rhee, Kie-Woong and we have three children: Young-Sun (Diane), Jung-Suk (Michael), and Hong-Suk (Matthew).

My younger sister is Shin, Kyung-Sook. She was often sick when she was young, which concerned our mother. I recall that as a child, my parents made Kyung-Sook wear boy's clothing because they wanted her to be born a boy but she was very much the opposite; she was quite feminine. She majored in piano at ChungAng University. She married Choi, Kyu-Sook. She has two children: So-Hyun and Duk-Ho.

The remainder of my siblings share the generational syllable "Kyun" in their names like my older brother. The fourth child is my younger sister, Shin, Myung-Kyun. She was always self-confident, vain and very ambitious. She graduated from a difficult medical school (Hanyang Medical School). She practiced as a pediatrician and then she became the deputy director at Hanaro Hospital. My sister married Kim, Young-Sik,MD and they have two daughters named Sun-Young and Im-Young.

The fifth child is Shin, In-Kyun. She followed in our father's footsteps in pursuing a career in education and took over my father's kindergarten in Korea. She served as a consultant for Pyeongtong. She married Choi, Su-Yeol; they have two daughters: Ye-Jin and Yu-Jin.

My youngest sister is Shin, Kwang-Kyun. She majored in dance in college. She married Lim, Ik-Seon. After getting married, she had wanted to live in America but she dutifully stayed in Korea because her mother-in-law begged her stay by her side. After her mother-in-law passed away, she immigrated to America with her two children: Seung-Joo and Seung-Han.

My youngest sibling is Shin, Sun-Kyun. He and his wife Ahn, Kyeong-Hee has two sons: Hyun-Woong and Hyun-Joon.

My father was an educated man. He was able to communicate in English. He showed me characters that I did not recognize.

It was the first time that I encountered the English language. I thought the characters looked strange. I remember, he showed me how to write the word "handkerchief" in English. My father was fluent enough in English that he met with

American soldiers. There was a lot of wood from the U.S Army Base that was piled up in our yard. I believe they were probably talking about building a small house using that wood. As a child, I had many chances to meet these American soldiers and I spent a lot of time trying to talk with them, practicing the English language.

Just before the start of the Korean war, my father made the impossibly difficult decision to leave his whole family and home(land) to escape the north and take refuge in the south. My mother was originally from the ChungCheong Province in the southwest region of the Korean peninsula, so she was in a sense "going home." I fled our hometown in North Korea with my parents, riding atop my father's shoulders. My younger sister was strapped to my mother's back and my older brother walked at her side. My maternal grandparents decided to join us in the escape and to head back home to the south. My father's family was supposed to follow us and right behind us but we never heard from them. To this day we do not know if they escaped, died during the journey or remained in the north.

During this long and hard journey, we lost my maternal

grandfather. At the start of the journey, he was already in poor health. During the escape, he accidentally fell into the ice-cold water of the rice paddies. Afraid that he would get sicker and slow us down, he encouraged us to continue and he assured us that he would follow us and catch up. He never caught up; instead, we believe he chose to hide and disappear without a trace. After we eventually reached the south, while at work at the market and without hesitation, my maternal grandmother would always gather food and offer every refugee she came across something to eat, hoping to find him. She did not see my grandfather again.

As the oldest daughter, I received a lot of attention and love. My grandmother enjoyed brushing my thick, black hair and braiding it in different beautiful ways. Her favorite flowers were red ones. I would pick red flowers from our garden and give it to her. As my grandmother received the flowers, she would say, "Kyeong-Ae is as beautiful as this flower." During our escape to the south, my father was haunted by the image of the many children stranded on the side of the road abandoned or orphaned during the war. My father could not ignore their pain or loss. He wanted to set up a shelter for the refugee children, and later started a business around it. Since my mother was from the southwest region of the Korean peninsula, she had extended family in the south with whom she could visit. She did not share the same grief or sentiment towards the devastating loss that the children on the road faced nor did she feel the same passion to care for the children as my father did. She was opposed to my father's intentions, as she couldn't understand the difficulties faced by the people who lost their hometown.

I think it was hard for my mother to understand and share in my father's dream. My mother did not appreciate that she had to raise her children in the same environment, with the same means and opportunities as the orphans. For example, our father didn't allow us to wear beautiful hanbok even during the holidays. Since the poor, orphan children did not have access to the holiday outfits, he did not allow us to wear them either since he did not want them to be jealous. For us to participate freely in holiday festivities in full traditional dress, my mother would send us to her side of the family to join in the celebration.

남편과의 만남과 약사 고시 합격

동덕여대 약학과에 입학하기 전에 나는 고려대학교 물리요법과에 입학하였다. 오빠가 고려대 의대를 다니셨는데 물리요법과가 앞으로 전망이 있다고 하여서 지원한 것이다. 그때 남편은 반 대표이자 아주 착실한 청년이었다. 외모는 아주 깔끔하고 모든 면에서 나의 눈에 들어왔다.

학생회장 선거로 인해 우연히 편지를 주고 받게 되면서 이성의 만남으로 연장되었다. 만남과 만남은 긴 시간이 되어 쌓였고, 2년을 마치고 약학과에 가기 위해 다시 어려운 공부를 시작하였다. 약대 졸업까지는 4년이라는 긴 시간은 주로 공부하는 시간이었고, 혹시 부모님을 이해시켜 드리기 위한 과정이었다. 그때 어머니로서는 납득하기 어려운 여건이기 때문이었다. 어머님의 설득을 이끌어내기 위해서라도 꼭 약대에 가야 했고 약사 고시에 합격해야 했다. 또한 남편이 가는 교수의 꿈은 많은 시간이 필요했다. 나의 약사 고시 합격과 동시에 우리 4년의 정성이 결실을 맺어 마침내 결혼하게 되었다.

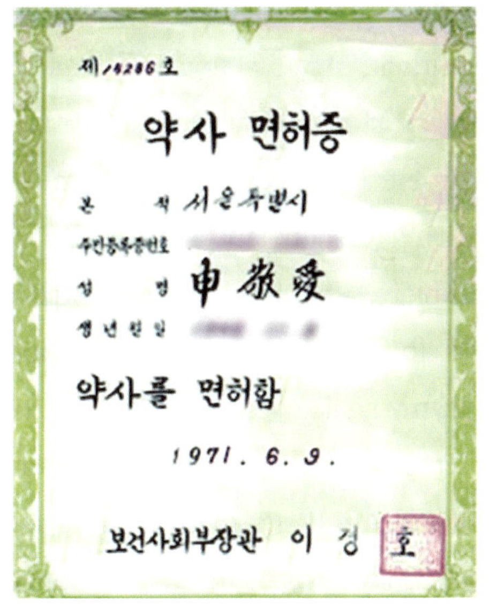
제 14286 호

약사 면허증

본 적 서울특별시

주민등록증번호

성 명 申敬愛

생년월일

약사를 면허함

1971. 6. 9.

보건사회부장관 이 경 호

Meet My Husband and Being a pharmacist

Prior to attending Dongseok Women's University for pharmacology, I was enrolled at Korea University for physiotherapy. I initially studied physical therapy at Korea University because my brother, who attended the Korea University medical school, said that physiotherapy had a lot of future potential. While attending Korea University, I was introduced to and met my future husband. My husband, Kie–Woong who was a very diligent student. He had a very sharp appearance and he caught my eye. During his run for president of student government, we met and exchanged letters, which started our relationship. He eventually was elected a president. After a few meetings and lots of conversations, our love started to bud.

2 years later, I studied hard for my entrance exam for pharmacy school. The pharmacology program took 4 years to complete. Our family home was far from the pharmacy school so I lived in a boarding house near the school.

In my senior year, I studied very hard while sitting on the floor in front of my table with only a thin blanket around my shoulders to keep me warm. After taking the state examination and graduating, I proudly became the pharmacist that my mother always wanted me to become. It was an impressive accomplishment for a woman to become a pharmacist at that time. My future husband was the first to find out about my successful result on the announcement day and he shared the excitement with me. I felt as though I had picked a star from the sky and was flying through the air.

While I was studying at pharmacy school, my future husband also graduated with a degree of MPH from The Graduate School of Public Health, Seoul National University. He became a full–time instructor at the Korea University. He worked hard at the Korea University to ascend the ranks to become a professor and to secure a future for us. He was working toward us getting married.

I realize now that my husband also felt the same frustration, sadness, and disappointment after we got married; the dynamics and realities of married life were very different than what he had expected and wanted as well. His behavior and reactions to the pressures and difficult situations that we faced weren't what I was expecting. I thought that we could work things out together but we found the circumstances to be harder to work through and communication was not easy.

새로운 미국 생활

미국 유학길에 오르다

우리는 미국 유학 길에 발을 내딛기로 하고 1972년 5월 1일 김포공항을 떠나 미국으로 왔다.

딸아이를 출산한 지 1개월 되던 때였으니 쉬운 결정이 아니었다. 그 당시 비행장은 오늘날의 멋있는 건물이 아니라 치워진 철망 사이로 손을 흔들며 헤어지던 시절이다.

그때 그 길이 친정어머님과의 마지막이 될 줄은 상상도 못하였다. 딸아이도 두고 떠나야 했다. 거처도 정해지지 않은 아무 연고도 없는 곳에 딸 아이까지 데리고 갈 수도 없었고 홀로 사시는 시어머님에게는 그 아이가 큰 의지가 될 것이었다.

그 당시 미국이라는 곳은 무척 멀고 먼 곳이라 생각이 되어 비행기 안에서는 새로운 땅에 대한 기대감 대신 언제 다시 만나게 될까 하는 막막함 만이 마음을 가득 채웠다. 시카고를 거쳐 두 번 비행기를 갈아타면서 이틀 만에 미국에 도착하였다.

그런데 공항에 약속한 분이 안 나오셔서 많은 시간을 공항에서 멍하니 기다렸다. 데리러 오신다고 약속하신 분이 차편이 잘 안 되어서 늦었다고 하였다. 미화 800불을 가지고 도착한 미국 땅, 책 보따리와 옷 몇 가지 그리고 명란젓 한 통, 시어머님이 정성스럽게 담아 준 고추장, 오징어채 이것이 우리 살림의 전부였다. 신접살림들은 다 놔두고 오면서도 둘이서 마실 예쁜 커피잔 두 개만은 서운하여 챙겨 왔다.

도착하여 며칠 후 슈퍼마켓을 박영화 언니께서 데리고 갔다. 물건들이 가득 쌓여 있었다. 내가 그리 좋아하던 초콜릿과 바나나는 보는 것만으로도 흡족했다. 그러나 좋아하기도 잠깐이었다. 아직 살 곳도 직장도 막연한 상태다. 나는 처음 만난 남편 지인이 경영하는 슈퍼에서 낮에는 도와 드리며 일을 배웠다. 남편은 직장을 찾기 위해 뉴욕 타임스 신문을 구독하는 것이 하루 생활의 전부였다. 그때 우리는 어디를 가게 될 때는 손을 꼭 잡고 놓지 않았다. 또한 절대 서로 시선을 떼지 못했다. 두려움이 가득한 미국 생활이 우리를 똘똘 뭉치게 하였다. 좋아도 좋은 줄도 모르고 매일 눈물만 났다. 나의 딸 영선이 생각에 더욱 더 슬프고, 보고 싶고, 마음이 아팠다.

남편이 직장 인터뷰 갈 때에도 나는 남편의 손을 꼭 잡고 갔다. 그곳이 맨해튼 V.A.병원이었다. 참으로 운이 좋게 단번에 취직이 되었다. 그 후에 병원에서 학비도 장학금으로 주어서 무척 행운이었다. 그 장학금이 많은 도움이 되었다. 취직이 되었으니 방을 얻고 살림을 시작해야 했다. 방이 좋고 나쁘고를 떠나서 우리는 방값이 싼 곳을 찾았다. 가구가 하나도 없어서 침대부터 사야 했다. 온종일 걸으면서 구한 것이 서브웨이 옆이었는데 시끄러워서 안 되겠다는 생각도 못하고 오로지 월세가 얼마인지만이 중요했다. 침대가 포함된 방이라 다행이라는 생각만 들었다. 더 찾아볼 여지도 없이 월세 85불짜리 방을 구했다.

그러나 침대는 엉망이었고 길가 집이어서 시끄러웠다. 가지고 온 돈 800불 중에서 두 달치 보증금을 떼고 남은 돈으로 텔레비전 한 대 사고,

생활비가 모자란다고 하여 딸 영선이 몫으로 급히 200불을 송금했다.

이렇게 우리는 미국에서의 삶을 시작하였다. 모든 것에 절약하며 하루하루를 적응해 나가며 익혀나갔다.

그러던 중 생각지도 못한 일이 닥쳤다. 며칠 몸이 아프고 이상하던 것이 임신 초기라니 걱정이 앞을 가린다. 억지웃음만 나오는구나. 주님이 주신 새 선물이라 생각하니 한국에 두고온 쓸쓸히 살고있는 영선이가 마음에 걸린다. 그 생각은 오랜 시간 미안함과 아픔으로 남게 되었다. 그때 태어난 아이가 큰아들 정석이다. 산달이 되어 미리 날짜를 잡아 병원에 가게 되었다. 남편은 직장에 나가고 대학원 수업까지 마치고 늦게 돌아온 다음에 병원에 가야 해서 미리 날짜를 잡았다.

정석이를 낳으려고 예정된 날짜에 병원으로 가야 하는데 남편은 직장에 갔다. 퇴근 후 뉴욕대학교 대학원에 가면 밤 10시가 되어야 끝난다. 출근하면서 나더러 꼭 택시를 타고 가라고 하면서 돈을 챙겨줬다. 나는 그러겠다고 대답했지만 금방 생각이 달라졌다. 돈 낭비는 안 된다고 생각했다.

혼자 쇼핑 백에 옷을 챙겨 들고 버스를 타고 병원으로 갔다. 아기를 출산하고 보니 10시쯤 눈앞에 남편이 서 있었다. 남편은 너무나 좋아하며 화사한 얼굴로 수고했다며 어깨를 두드려 주었다.

Studying Abroad in America

Shortly after we were married, we found out that we were expecting a baby. My husband was also offered an opportunity to study abroad in America for a Master's degree in physiotherapy at NYU on a scholarship. We made the difficult decision to leave our family, friends, and everything familiar to us behind. It was especially difficult since we had to leave our newborn baby daughter behind. On May 1, 1972, we boarded a plane from the original Gimpo airport to move to America. I remember the old airport. It wasn't the splendid building that it is today. There was a wire mesh fence that separated the passengers from the well-wishers. For my husband and myself, it was a time of great sorrow and a time of separation from our family and our new baby. Since we would not have been settled, we had to leave my daughter behind with her grandmother. I did not realize it at the time, but that would be the last time I saw my mother.

After our long trip from Seoul to New York via Chicago, we finally arrived in America; it took two days of travel! We waited at the airport for a long time for the person who was supposed to pick us up, but he did not show in time. We called him and he told us that he was late picking us up due to his lack of a means for transportation. With only $800 USD, a bundle of books, some clothes, a box of salted pollack roe, some Korean chili paste and dried shredded squid that my mother-in-law carefully prepared, my husband and I set out for our new life. I managed to bring a few precious items from home including two beautiful coffee cups. After a few days in the U.S., our local contact brought me to my first supermarket. I was amazed to see the shelves full of products and food. I was content enough to just look at my favorite chocolates and bananas sitting in abundance on the shelf. But that satisfaction was brief. I still did not have a place to live or work. As soon as I could, I got a job at a supermarket. Meanwhile, my husband looked in the New York Times for job openings.

During that time, I remember that we were always scared. When we went out, we would always go out together, holding onto each other's hands tightly, never letting go or making eye contact with people on the street. This fearful life in America helped us to grow closer together. During those rare moments when I was feeling happy, I was still quite sad. I found myself thinking of my daughter Young-Sun. This made me even sadder, heartbroken and I would miss her.

On the day my husband went for his first job interview, I went with him and held his hands tightly. He had an interview at the Manhattan Veteran's Administration Medical Center. He was hired on his first attempt! We were fortunate that the hospital provided a stipend. That stipend helped us out a lot. After finding his job, our next step was to find a place to live. We walked around all day looking for an apartment. Regardless of the location, whether in a good or bad neighborhood, we looked for the cheapest place. The place that we ended up renting was in Brooklyn, located next to a subway. We were so focused on the price of the monthly rent, that we didn't even think about the noise level nor our comfort when we made our decision. We did not have anything! A bed was the first and most important piece of furniture we would need to buy, but once again we felt so fortunate because we found an apartment with a bed already included!

Without the leisure of time nor money to look further, we decided to rent the room for $85 a month. After moving in, we found the bed was a mess and the apartment was noisy because it was by the street with the subway tracks and the train running just below. Of the $800 that we brought with us, we paid two months deposit, bought a television, and quickly transferred $200 to Young-Sun and my mother-in-law in Korea; they were running low on spending money. We were scared of money running low; we needed to quickly understand life in America and how to earn money.

During all of this uncertainty, I became pregnant again. I was worried and realized that this was an issue, but I silently laughed to myself and said "Oh no! What do we do now? Well, at least our relationship is good enough that we can get pregnant again!" With all the hardship, I passed my days walking and living through life in a fog. There was nothing that could be done. Thinking of this new baby and of my baby daughter Young-Sun whom we left behind in Korea made me very sad and sorry to hear. I had that feeling of sorrow and pain for a long time.

On the day that I went into labor and needed to go to the hospital, my husband had to go to work and school. As he was leaving for work, he gave me money and he urged me to take a taxi to go to the hospital. I told him that I would do so, but at the last minute, I quickly changed my mind and decided that it would be a waste of money. I wanted to save the money and so I put it away. I went to the hospital on a bus by myself. It was 10 PM by the time my husband got off of work and finished evening graduate school. My husband was very happy with our new son and gave me a big pat on the shoulder with a bright, smiling face. We named our son Michael Jung-Suk.

첫 사업 리커 스토어

첫 사업으로 시작한 것이 포도주와 위스키 병술을 파는 주류 소매 가게 다. 그 당시는 지금처럼 카드 결제보다는 현금을 주로 사용하 였다. 그래서 늘 현금을 갖고 시작 하기 때문에 위험을 간직한 사업이라 생각되었다.. 남편 지인과 동업으로 시작 했고, 학교 수업이 없는 저녁에는 남편도 가게 일을 도왔다. 남편은 불안 해하며 늘 나를 가게에 두고 있는 것이 걱정이었다. 약 2년 후에, 동업자가 인수하고 나는 새로운 사업을 찾게 되었다.

그것이 30년을 해온 Carvel 아이스크림 연세점 이다. 이 사업에 관심이 간 것은 영업 시간(10AM~ 10PM) 때문이었는데 아이들에게 아침을 먹이고 학교에 가는 걸 보고나 서 일을 시작할 수 있어 좋았다.

First Business, the Liquor Store

Our first business venture in the US was a retail liquor store. At that time, most people paid in cash rather than by credit card. With a lot of cash on hand at the store, it was a dangerous business. We bought the store in partnership. My husband was nervous and worried about me being at the store by myself so I worked at the store and helped my husband on the days that he did not have school in the evening. For many reasons, we did not stay in that business long. Our partner took over the business by himself, while I found a new business of Carvel franchise store.

큰아들 정석을 한국에 보내다

정석 한국 방문시 오빠와 정석, 영선

큰아들 마이클(정석)을 낳고 나니 키울 일이 큰 문제였다. 만삭이 될 때까지는 할 수만 있으면 일거리를 찾았다. 생활에 조금이라도 보탬이 되어야 했기 때문이었다.

이곳 생활도 해야 하고 한국에도 꼭 생활비를 송금해야 했다. 어머니와 영선이가 있어 늘 생활비 걱정을 해야 했다. 그런데 어느 날 갑자기 배가 아파 응급실에 갔더니 담석이 생겼다고 했다. 임신중이니 물만 많이 마시고 견디라고 했다. 엄청난 고통이 몰려 왔다.

남편은 아기를 낳기 전부터 나에게 일을 하지 말라 하면서 아기만 잘 돌보라고 했으나 나는 그럴 수가 없었다. 너무 신경을 많이 쓰고 걱정이 많으니 남편의 건강도 큰 걱정이요 시련이었다. 어찌어찌 일을 시작해 보았으나 쉽지 않았다. 하루종일 남에게 정석이를 맡겨 둔 채, 저녁에 파김치가 되어 돌아오면 정석이는 설사와 구토로 응급실을 찾는 경우가 많았다. 밤새 아기와 고생하고 다음 날 다시 일을 나가야 했다. 당시 1회용 기저귀를 쓰는 것이 낭비처럼 생각되어 헝겊을 사서 매일 저녁 빨아 썼다. 자연히 할 일이 늘어나 힘에 부쳤다. 도저히 직장 일을 할 수가 없어 정석이를 한국에 보내 보기로 했다.

그 당시 애들이 많은 가정들은 그렇게 하곤 했다. 영선이도 한국에서 할머니와 있으니 그리하기로 하고 한국에 다니러 가는 사람 편에 정석이를 딸려 보낼 작정이었다.

큰 결정을 내린 뒤 비행기에 태워 보내는데 어찌된 영문인지 정석이가 뒤도 안 돌아보고 비행기 안으로 아장아장 걸어 들어갔다. 첫돌이 막 지난 때였다. 떠나보낸 뒤 생각하니 우리를 원망하는 마음이 아니었나 싶었다. 집으로 돌아가는 차에 타면서부터 후회가 되어 서글픔이 몰려왔다. 매일매일 하루하루 정석이 생각으로 참을 수 없는 시간을 보내야 했다. 하는 수 없이 그 사람이 미국으로 들어올 때 정석이를 데리고 와 달라고 사정해서 한 달만에 아들을 곁에 둘 수 있게 되었다. 다시 정석이를 볼 수 있어 살 것 같았다. 그러나 영선이가 다시 마음에 걸렸고 어서 데려올 날을 기다렸다.

한국에 계신 친정어머니께서는 외손자를 보는 것이 나를 본 듯 좋았는데 하면서 서운해하셨다. 정석이가 엄마 화장대를 붙잡고 좋아하면서 외할머니를 따르던 모습을 잊을 수 없어 얼마동안 뿌옇게 쌓인 먼지도 닦을 수가 없었다고도 하셨다. 거기에는 정석이 손자국이 남아 있었기 때문이었다. 친정 어머니가 정석이를 보낸 뒤 많이도 서럽게 우셨다는 말을 동생들을 통해 전해 듣고 또 한 번 불효한 딸이 된 것 같아 지금도 그 생각을 떠올리면 가슴이 메어온다. 손주 얼굴 한 번 보여주고 다시 어머니를 아프게 하였다.

'엄마, 미안해요.' 요즘도 가끔 소리 내어 사과해 본다. '엄마, 미안해요.' 하고 나면 나도 모르게 흐르는 눈물을 멈출 수가 없다.

그 일이 있고 나서 엄마에게서 녹음테이프가 배달되어 왔다. 그 당시는 전화비가 너무 비싸서 녹음 테이프로 서신 교환하는 것이 낙이었다. 그 테이프에 엄마 목소리와 노랫소리가 녹음되어 왔다. 엄마는 노래를 좋아했고 참 잘 부르셨다.

“산까치야 산까치야 어디서 날아 왔니. 네가 울면 우리 경애(님) 오신다는데 너마저 울다 저 산 머 가버리면은 우리 경애(님) 언제 오나. 너만은 내 곁에 있어다오, 너만은 내 곁에…”

아직도 들려오는 듯한 엄마 목소리 애절하다. 지금도 가끔 듣는 녹음 테이프와 엄마 목소리!!!

Sending Jung-Suk (Michael) to Korea

Living in the U.S. was very difficult. After I got pregnant with our second child Jung-Suk, I remember that I went to the emergency room because my stomach suddenly hurt. I was diagnosed with gallstones. They told me that there not many options for treatment because I was pregnant. I was told to drink lots of water and that it would get better. I had an immense amount of pain during that time. My husband told me not to work any longer and instead I should concentrate on raising our future child but I felt that I could not stop earning money. It was hard to earn enough money to support all of our expenses here in the U.S. and sending money to Korea in support of the needs of my mother-in-law, my daughter, and my husband's siblings.

I continued to work but it was not easy. Raising a child in

this foreign country on our own without family was extremely difficult and expensive. Jung-Suk was in daycare while I worked, because of this he was often sick. We would frequently have to go to the emergency room in the evening with Jung-Suk when he had diarrhea and vomiting. I would watch him all evening and then go to work the next day. Back then, disposable diapers were expensive and it seemed like a waste to just use something once and throw it away. I bought cloth diapers and washed them every night to save money. It was very tiring to add all these extra tasks to my daily list.

I found it increasingly hard to work and take care of a child. I made the difficult decision to send Jung-Suk to Korea to be watched by my family. It was common practice for immigrant households with many children to send the kids back to Korea. Young-Sun was already in Korea with her grandmother. I sent Jung-Suk on the airplane in the care of someone I knew and sent him to live with my mother. At the airport, he left us without even looking back. I had an immense feeling of regret and sorrow after leaving him during our ride home. I imagined that he resented us for this decision. I spent every day after that thinking about Jung-Suk. I missed him too much.

After one long month, I asked the same person who escorted my son to bring Jung-Suk back to the U.S. when she returned. I was so happy and relieved to have my child back again.

However, my oldest child Young-Sun was still in Korea and I could not wait for the day I could bring her to the US as well.

My mother, who had taken care of Jung-Suk while in Korea, had mixed emotions of happiness and sorrow for Jung-Suk's return to me. She missed him and all his toddler activities; she especially missed watching him cruising along the coffee table. She told me that she refused to clean the coffee table because she did not want to erase his fingerprints from the edge of the table. After Jung-Suk was sent back to me, my siblings told me that she was very upset and cried a lot. I blamed myself for being a bad daughter. I teased her with such a short time with her grandson and then I took him back, away from her. When I think of how sad she must have been, I feel so sorry, and sad that I would cry relentlessly "I am sorry mother!"

Soon after, I received a cassette tape from my mother. At that time, calling was expensive so we sent cassette tapes back and forth across the world to hear each other's voices and communicate. My mother loved music and was a great singer. She would often have music playing in the background. She would sing: "Magpie magpie where did you come from? If you cry my Kyeong-Ae should come but if you cry and fly over the mountain when would my Kyung-Ae come? Can you at least be by my side, at least you…"? I can still hear my mother's sad, mournful voice as I still listen to the tape; I miss mother's voice.

두 번째 사업 Carvel 연세점

가게의 영업시간은 아침 10시부터 저녁 10시까지가 규정이었다. 아이들 학교 보내고 시간 조절이 가능한 것 같아서 좋았다.

필요한 물건은 본사에서 배달이 되었고 3주간의 훈련을 통해서 운영과 기술을 익혀 자격증을 받은 다음 사업을 시작할 수 있었다. 그 당시 시어머님 과 딸아이 생활비를 한국으로 보내야 했기에 우리는 살림을 한 곳으로 합쳐야 하겠다고 생각하고 시민권을 받자마자 급히 초청장을 보내서 미국에서 시어머니를 모시고 살게 되었다.

Second Business, Carvel franchise

It was difficult to send money to my mother-in-law and daughter in Korea for their living expenses. We believed that we needed to live together and urgently invited her to live in the U.S as soon as we received citizenship. We started a Carvel franchise after learning that the hours of operation were a desirable 10 am to 10 pm; I could start work after the kids went to school. We were in that business for 30 years. After three weeks of training at Carvel College, we were able to start the business.

Eventually, we were able to save up enough and send for my mother-in-law and our daughter to come to America.

어머님의 노후 대책

1978년 Carvel연세점을 시작하여 억척스럽게 노력한 끝에 1년 만에 스태튼 아일랜드에 집을 장만할 수 있었다. 그런데 또 어려운 시련이 닥쳤다. 어차피 이다음 에 어머님이 늘 얘기하듯 한국에 가서 살게 해 드려야 하는데 지금부터 조금씩 준비하여 노후에 사실 집 장만을 해 드리겠다는 계획이었다.

몇 해 동안 돈을 끌어 모아 물건을 장만하여 드렸고, 어머니께서 그해 여름 방학에 한국으로 가시게 했다. 그 비용 마련도 힘에 벅찼고, 필요한 물품들을 장만해 드리려고 많은 신경도 썼다. 2년 동안 시간이 날 때마다 물품들을 준비했다.

그런데 시어머니께서 첫 번째로 한국에서 차를 사서 운수업을 하려 했는데 잘 안 되어 그 돈으로 집을 샀다고 하셨다. 그 후 준비해 드린 것들이 어떻게 되었는지 나는 감히 여쭤볼 수도 없는 입장이었다. 결국 어머니를 우리가 미국에 다시 모셔 오고 몇 년을 고생하면서 준비했던 노력들이 어떻게 되었는지 조차 알아볼 수가 없었고 달라고 할 수도 없었다. 그때 참 많이 힘들었는데 밑 빠진 독에 물 붓기와 같았다.

이 고생이 왜 나에게 맡겨진 것인가. 남편의 뜻에 입 다물고 묵묵히 다 따르며 살기에는, 나는 그토록 착 하지 않았다. 그래서 많이 아파야 했고 힘들어 했다. 그 많은 일을 준비하고 경비 마련하기가 엄청난 고통이었는데 행여 내 기분이 노출되어 불만으로 보이면 시어머니 성격에는 용납이 안 되었다.

지금 생각하면 상처가 있었지만 모두 다 지우련다. 많은 고통의 추억들이 이제는 아름다웠다고 생각하련다.

Preparing for my Mother-in-law's Retirement

After years of hard work starting the Carvel store in 1978, we bought a home on Staten Island, NY. At the time, it was common to import goods from America for sale in Korea. The business practice was popularized by those who visited America and went to Vietnam with goods to sell after the Vietnam War. My fourth sister–in–law ran this type of import business, selling foreign goods in Korea. Soon, our family also decided to invest in this form of commerce. My husband's intentions for this undertaking were good. He wanted to start laying down the long–term investment plans for my mother–in–law's old age. My mother–in–law always wanted to return to and live in Korea. He wanted to earn and save money so that we could buy a house in Korea for her to live in. We prepared, worked, earned and saved for two years. Although it was hard, we took all the money that we earned from the Carvel to buy the inventory for export. We would send my mother–in–law to Korea every summer with these items.

We knew that as the oldest child in Korea, my oldest sister–in–law would need to take care of my mother–in–law when she eventually returned. We tried to help by providing her and her husband with a vehicle/taxi so that he could earn a comfortable living. We also bought a house for them with the leftover money in which they could all live comfortably. The taxi business did not do well. It was very hard at the time; it was just like pouring water into an endless pit. I could not understand why or how providing and taking care of this was all my responsibility alone; why was it all left to me? I found it difficult to live in silence while obeying my husband's plans. I was tired of it all. It was such a burden to work, save and prepare all this money. But if I showed my feelings and revealed my burdens and dissatisfaction at the situation, my mother-in-law would not have liked it nor accepted it. Thinking back, my life was full of hardship; but I have chosen to erase the negative thoughts. I have chosen to think fondly back on the many memories of hardship that I endured and I choose to remember them, as beautiful life lessons instead.

친정어머니가 돌아가셨다

참으로 나 자신 돌볼 여유도 없이 살고 있었는데 슬픈 일이 또 나에게 왔다. 미국에서 생활한 지 3년 반이 되었을 때 나를 낳아준 엄마가, 따뜻한 아랫목 같은 친정어머니, 딸이라고 해서 조금도 소홀함 없이 아깝다 않고 힘들게 힘들게 정성과 정성을 다해 키워 주셨던 어머니, 원하 시는 약대를 보내고 그리도 좋아하시던 어머니, 나에게 효도 한 번 못 받으시고 이 세상에 당신 혼자 약사 딸 있는 것처럼 그리도 좋아하시던 엄마, 그렇게 행복해하시며 좋아하시던 엄마가 소리 없이 사라지셨다.

어느 날 저녁 늦게 전화 한 통을 받았다. 아버지였다. "네 엄마가 좀 몸이 안 좋아. 오빠랑 앰뷸런스 타고 병원에 갔다." 그때는 전화요금이 비싸서 생각을 충분히 하여 전할 내용을 메모해 놓고 전화를 하던 때였다. 정말 용건만 간단하게 말할 때 다. "왜 어디가 아프 셔요?" 물을 여유도 없이 전화가 끊겼다. 밤을 지새우고 이튿날 전화를 드렸다. 아버지의 그때 대답은 "잘 보내 드렸다. 잘 모실 테니 걱정 말아라." 무슨 의미 인가. 어떻게 된 일인가. 텅빈 마음 끌어안고 울음이 터져 나왔다. 어머니께서 혈압이 올라 뇌수술 도중 돌아가셨다고 한다. 엄마를 잃었으니 어쩌나. 그때 친구 동님 이가 미국에 살려고 남편과 온 지 얼마 안 되었을 때다. 남편이 의사여서 오게 되었다. 옆에서 슬픔을 같이 나누며 밤을 함께 해주어 많은 위로가 되었다. 어머니는 참으로 외모도 미인이

고척동 집 정원에서 어머니와 나, 1960.

셨고 노래도 잘하셨다. 생각나는 것이 있다. 어머니가 좋아하시던 찬송이 생각난다. "아, 하나님의 은혜로 이 쓸데없는 자, 왜 구속하여 주는지…." 귀에 아련하다. 풍금을 즐겨 치시며 노래를 하시곤 했다. 그런데 이제는 엄마를 볼 수가 없다. 그렇다고 지금 달려가 볼 수도 없으니, 아니 가겠다고 떼를 쓸 수도 없네요. 남편도 정신 차리고 급히 우리 그때 처지에 할 수 없는 돈을 마련한다고 서두르며 장만하여 사위로서 뜻을 다하여 정성으로 준비해 보내 드렸다. 정신은 없었으나 지금까지도 참으로 고맙게 생각한다.

나는 그때부터 흰옷을 가능한 입고 1년을 보내었다. 한겨울 학교 다녀오면 꽁꽁 언 손을 녹여 주신다며 젖가슴에 묻어 주며 체온으로 녹여 주시던 엄마. 그 따뜻한 사랑을 이제 내 가슴에 새겨본다.

엄마! 많이 많이 미안해요.
멀리 떠나실 때 인사도 못 드리고, 뵙지도 못하고 보내 드렸어요.
엄마가 자손들 걱정에 잘 되기를 그토록 바라셨는데…
영선, 정석, 홍석이 의사, 변호사, 의사가 됐어요.
그토록 원하시던 길을 손주들이 걷고 있어요.
이제는 엄마의 환한 웃음이 그리워요!!!
웃어 주시겠지요, 엄마…

My Mother Passes Away

I was so busy with life, work, and taking care of others that I didn't even have time to take care of myself when tragedy struck. One evening, I received a call from my father. He called to say "Your mom isn't feeling too well. She took the ambulance to the hospital with your older brother." Back then, the telephone bills were so expensive that people carefully thought about what they were going to say. The calls were brief and concise. The phone call ended even before I could ask him, "Why, what's wrong with her?" I stayed up all night and called the next day. I didn't quite understand what my dad meant when he said, "I sent her off well. Don't worry, I'll take good care of her." What had happened? Three and a half years after I moved to America, my mother who was warm as the warmest part of the ondol room, my mother who raised me with all her might without any reserve and neglect, my mother who was so happy for me to attend pharmacy school as she had hoped, my mother who was so proud of me as if she was the only one with a pharmacist daughter, my mother who was always so happy had passed away. She passed away during brain surgery that was required by complications of high blood pressure.

With an empty, heavy heart, I started crying. What do I do now that I lost my mom? My mom was very beautiful and a good singer. I remember the gospel song that my mom used to enjoy. "I know not why God's wondrous grace, To me, He hath made Known, Know why, unworthy, Christ in love...I can hear faintly." She used to sing along with the organ. But now, I would never see my mom anymore. I can't run to her if I wanted to. My mother who used to warm my hands after school during the winter by putting them on her bosom was gone; I now try to remember and imprint that warm love into my heart.

My husband hastily prepared whatever money we had, money that we couldn't afford to give away then, and delivered it to my family earnestly as a dutiful son-in-law. Although it was a hectic time and I was not in the right frame of mind then, I look back and appreciate it now. I spent a year in white mourning clothing as much as possible.

편의점과 세탁소를 시작하였다

24시간 운영하는 편의점 캔디 가게. 그것은 그 당시의 가게 이름일 뿐이고 사실 신문, 담배, 음료수, 로또, 잡지책 등 각종 잡화를 파는 가게였다. 24시간 운영하는 가게를 겁도 없이 시작하니 그 고생이 말도 못할 정도로 힘이 들었다. 아이스크림 가게는 여름과 겨울 장사 차이가 너무 커서 겨울을 나기 위해 시작한 것이 그 당시 한국인들이 제일 많이 하던 업종이었다. 너무 힘들어 처분하고 시작한 것이 대신 세탁소였다. 그렇게 사업을 시작하고, 정리하고 또 시작한 것이 쉽지는 않았지만 남편과 나는 꼭 맞는 동업자였다.

남편은 확실하게 돌다리도 두드리면서 건너간다는 우리 속담처럼 차근차근 빈틈없이 사업을 준비하였다. 이런 각오로 한 동네에서 가게를 세 개씩이나 운영하다 보니 다니는 길에 돌부리가 어디에 있는지 알 정도였다. 다람쥐 쳇바퀴 돌 듯 숨바꼭질하듯 돌다 보면 하루해가 저물었다.

그때 남편은 우리 가게 뒷일도 봐주는 일과 가게에 있는 것은 힘들어 했는데 교회 일이나 한인사회 봉사는 열심히 하였다.

세탁소를 시작한 지 3년 정도 지날 때였다. 어느 날 과열로 고장 난 기계에서 독가스가 새어 나와 죽을 뻔한 적이 있었다. 새어 나오는 가스를 막으려면 빨리 기계를 꺼야 했는데 남자 종업원들이 모두 밖으로 급히 뛰쳐나갔고, 빨리 안 막으면 기계가 터질 것 같은 다급한 상황이었다. 나 아니면 할 사람이 아무도 없었다. 어쩔 수 없이 주인 처지에서 내가 나서야 했다. 겁도 없이 뛰어 들어가 조치를 하고 나서 밖으로 나동그라지면서 기절하고 말았다. 그래도 생명에 지장 없이 수습할 수 있어 다행이라고 정신을 한참 후에 차리고 생각했다.

내게는 늘 염려스러운 일이 하나 있었다. 남편의 건강에 문제가 있었는데 더 위험하기 전에 얼른 수술해야겠다는 생각이었다. 그러는 중에 또 고비가 왔다. 마침 영선이가 의대를 졸업할 때다. 시기적으로 적합할 때 수술을 해야 당황하지 않고 위급한 상황을 막을 수 있다고 한다. 이 기회를 놓치면 안 되었다. 그때 남편은 뉴욕한인회 이정화 회장, 김재택 회장, 두 회장을 보필하던 수석부회장을 맡고 있을 때였다. 주위에서는 시기적으로 이번에는 한인회장을 해야 할 때라 하면서 입후보를 종용할 때였다. 그러나 수술이 다급했고 시기를 놓쳐서는 안 된다 하여 수술 날짜를 받았는데 공교롭게 입후보 마지막 날이었다. 남편은 그때 욕심 없이 "다 하나님 은혜, 하나님 뜻이니 입원을 한다."라면서 수술을 받았다.

영선이는 "엄마가 병원에 와 봐야 종일 밖에서 기다리는 것뿐 할 것이 없다."며 자기가 아빠 곁에서 지킬 것이니 그냥 집에 있으라 하여 가게에 나갔으나 가슴이 메고 걱정 속에 떨다가 저녁 늦게 김정식 목사님 부부와 병원에 갔다. 아직도 회복이 안 되어 마취상태에 있었고 수술은 잘 되었다고 한다. 안심하고 집으로 왔다.

그때 이 모든 것이 하나님 뜻이라며 들떠 있던 한인회장 선거에 마음을 두지 않은 남편에게 무한 고맙게 생각한다. 남편이 수술하고는 세탁소를 정리하였다. 그때 막내동생 성균이가 와서 카벨 가게를 돕고 있었는데 남편 의견으로 성균에게 세탁소를 인계하기로 했고, 또 다시 친척들을 위해 큰일을 하게 된 것이다. 많은 도움을 주어 세탁소를 시작하게 했다. 그 당시 시누이들도 Carvel을 시작하게 하여 우리가 베풀 수 있는 모든 것을 남편이 늘 묵묵히 베풂으로써 우리 가족의 버팀목으로서, 또 큰 나무로서 그늘을 제공했다고 생각한다.

A 24/ 7 convenient store

"Twenty-Four-hour convenient Candy Store," was the name of the store we decided to open in addition to the Carvel. The seasonal variation in income earned at the ice cream shop between summer and winter was too extreme and pushed us to try a year-round business. It sold a variety of things such as candy, newspapers, cigarettes, drinks, magazines and lotto. This type of business was run by so many other Korean people that we decided to try it as well. Running the store was an unexplainable struggle and hardship; one we undertook without too much consideration on how it would affect our lifestyle. Eventually, we found it too difficult to manage so we decided to try another year-round business which was a dry-cleaning store. Although closing and starting another business was not easy, my husband and I worked well together. There is a saying: "Look before you leap." Well, my husband and I started the businesses one by one without missing any details. Through it all, I tried my best beside him. Promising success through my hard work, working the three stores in one town, made me know where the smallest bumps in the roads were in the journey I took.

About three years after starting the dry-cleaning business, there was a toxic gas leak from an overheating machine while we were in the building; this leak almost killed me. The gas leaked needed to be stopped otherwise, the machine would have exploded and we would have lost everything. All the male employees ran outside and no one wanted to go inside to turn it off. With no other option left, I stepped up as the owner. I ran in without fear and turned the machine off and rushed outside, only to faint as I came out through the door. It was only later that I realized the seriousness of the event; it was a relief that I was able to fix the situation without it having negatively impact my life.

Soon after, my husband was ill once again and needed to have open heart surgery on his mitral valve due to complications of rheumatic heart disease since he was young. Around this time, Diane Young-Sun was in her last year of medical school at Mount Sinai. She was able to arrange for the surgery before her graduation. We couldn't miss the opportunity; he had replacement of his mitral valve at the Mount Sinai Medical Center. Diane Young-Sun said she would stay with her father and told me to stay home. I worried so I visited the hospital late at night with the Rev. Joung Shik Kim, his wife and went to visit him. He was not fully awake and he was still anesthetized, but they said the surgery went well. Relieved, I went back home.

After the surgery, I decided to sell the dry-cleaning store. My youngest sibling Sung-Kyun was here in America. On my husband's suggestion, we gave the ownership of the store to my brother Sung-Kyun. At the same time, my husband's sisters and their families all immigrated to the US and started their own Carvel stores; we were able to help them all get started and give them the advantages that we did not have. My husband has always been the pillar and the crutch of our family; he represents the tree that provided us the shade and luxury.

셋째 홍석이가 태어나다

시어머님은 미국 생활을 마땅치 않게 여기셨다. 한국을 다니러 가셔서 이제는 그곳에서 가정부을 구하고 집을 마련하여 한국에서 살겠다고 하셨다. 예전에 계획해 드렸던 집 장만을 위한 우리 부부의 노력의 대가 는 어디에 갔는지 알 수 없었다. 남편이 아이를 하나 더 낳아 어머니가 다시 마음 붙이고 사실 수 있게 아기를 하나 더 낳자고 하였다.

고향 방문시 홍석이와 남편(뒤로 우리 집이 보인다)

착한 효자 의견을 어찌하겠는가. 그리하여 막내 홍석이를 낳았다. 시어머님은 다시 오셔서 정말 좋아하셨고 나는 남편의 뜻을 받들어 다시 모시고 살아야 한다고 생각했다. 시어머님은 얼마간 행복해하셨다. 그러나 얼마가 지난 후 어머니는 어떠한 이유인지 모르겠으나 다시 불만을 표출하기 시작하셨다. 결국 우리 곁을 또 홀연히 떠나셨다.

한집에서 생활하다 보면 어찌 좋은 날만 있겠는가. 또 내가 항상 착하기만 하겠는가. 또 항상 마음이 서로가 같겠는가. 또다시 모든 불만이 또 나에게로 쏠렸다. 그 당시 막내 시누이가 아기를 낳고 가게를 막 시작하던 터였다. 시어머님은 그 막내 시누이 집에 계시면서 수연이와 동생 승호가 다 자랄 때까지 그곳에 계셨다. 그 당시 셋째 시누이가 이민을 왔는데 그곳에서 어머니와 셋째 시누이, 막내 시누이가 아래 위층에서 모여서 살았다. 홍석이 생후 8개월 때의 일이다.

나는 어쩔 수 없이 홍석이를 등에 업고 다니면서 사업을 계속해야만 했다. 그때 편의점 가게를 하면서 세탁업으로 전업하기 전이었다. 그래서 홍석이를 차에 태우고 한적한 곳에서 억지로 재우기도 하고 가게 앞에 차를 세워두고 차 안에서 재우기도 하고, 캔디 가게 바닥에 전기장판을 깔고 재우기도 했다. 이때가 24시간 편의점 가게를 할 때였다.

그런 생활의 반복은 내 마음을 몹시 차갑게 하였고, 식구들을 원망하는 마음으로 변하게 했고, 나의 내면은 더욱 더 강해졌다. 너무나 힘에 겨워 편의점 가게를 정리하고 시작한 것이 세탁업이었다. 가게 셋을 운영하기에는 내 힘이 벅차서 늘 피곤한 상태였다. 한 번은 하이웨이 운전 중에 깜빡 졸음 때문에 위험한 순간을 넘기기도 했다. 스톱 사인에도 질주하여 큰일을 겪을 뻔도 하였다. 한숨을 내쉬며 많이 힘들고 어려웠지만 견뎌냈다. 아무리 몸이 아파도 가게에 나가서 견뎌야 했다. 도움의 손길이 필요했다. 그러나 기댈 만한 데가 없었다.

진통제 복용이 날로 늘었다. 진통제가 없으면 불안할 정도였다.

밖에 눈이 많이 내리는 겨울에는 말로 표현할 수 없는 지경에 이른다. 밖에 눈이 많이 쌓이면 우리 집이 코너 집어서 눈 치우기가 만만치 않았다. 남편의 건강이 좋지 않아 눈 치우는 일을 하게 할 수 없었다. 웬만하면 나는 혼자 감당하려고 하였다. 집 주위를 어느 정도 정리하고 가게를 향하여 도달하면 어찌할까 생각도 없이 가게의 눈도 치워야 했다. 나의 몸을 미련스럽게 혹사해 가며 대책 없이 눈을 치웠다. 어느 정도 치우고 나면 손발에 감각이 하나도 없었다. 허리와 어깨는 펼 수가 없이 마비 상태였다. 그렇게 살아온 세월이 얼마였는지 나도 모르겠다.

Gave birth to my third child Hong-Suk(Matthew)

My mother-in-law continued to dislike living in this foreign land and thought living in the U.S. was unsuitable for her. She wanted to go back to Korea. All the hard work to get her here and live together seemed like wasted effort. My husband wanted to have one more child so my mother-in-law could change her mind and not go back to Korea. How do I dispute a good son's wish to care for his mother? That led to the birth of our youngest son, Hong-Suk. My mother-in-law was ecstatic when he came. However, after some time, my mother-in-law started to become unhappy again and did not want to stay with us. Although I tried hard to please and do everything correctly, I did not always succeed. It felt like everyone's discontent was aimed at me. t was difficult to live with so many people under one roof. Everyone's wishes and desires were not the same and could not always be fulfilled.

After Hong Suk's birth, my youngest sister-in-law had a child and just started a new business. My mother-in-law moved to her house and stayed there until the children grew up. I had no choice but to keep Hong-Suk strapped to my back as I continued working at my stores. I remember putting him to sleep, in a secluded place in the back of the store or in the car that was parked in front of the store. I would place an electric heating pad to keep him warm while he slept. Although this hard daily life made me resent my family and all the hardships, I now realize that the hard work made me stronger.

I was very tired trying to operate all three stores (Carvel, candy store and dry cleaning) at once. I remember missing the stop signs almost getting into accidents while driving home. One time I almost got into an accident on the highway driving while drowsy. This was a difficult period in my life that I had to endure. I needed a helping hand but there was no one I could turn to. I started taking painkillers and I found that I was starting to get nervous without them. I remember long winters with lots of snow. Since our house and store were located on the corner, cleaning up the snow was not an easy task at either place. The Carvel had a huge parking lot. My husband was not healthy enough to clean up the snow. I would do most of the shoveling on my own. After cleaning up the snow, my hands and feet would feel numb, my waist and shoulders would feel paralyzed. I was so busy; I did not have time to even think about all the things that had to be done. There's a saying that "after ten years, even the mountains and rivers change." I feel like I worked so hard and long that the mountains and rivers could have changed three times. I don't recall how long I lived like that.

상가 건물을 건축하다

10년이면 강산이 변한다는 우리 속담이 있다. 강산이 세 번 변할 정도의 세월을 일만 하며 살았다. 매일 가게 주변을 내가 직접 종이도 줍고 쓰레기를 치우며 자라난 풀을 뽑고 지켜온 땅 위에 상가 건물을 신축하였다. 빈손으로 와서 갖게 된 미국에서의 내 땅이었다. 감사함이 이루 말할 수 없었다. 주님께서 나를 등에 업고 오신 것이 확실하였다. 주님의 발자국이 내 눈에 선명하였다.

남편의 엄격한 지휘 아래 터를 닦고 건물을 세웠다. 그때 몸이 좀 불편하신 시어머니께서 준공식에 오셨는데 건물을 둘러보시고는 기뻐하셨다. 시작이 반이라는 말처럼 우리에게는 또 한 번의 기회를 맞게 되었다. 그저 주어진 환경에서 열심히 노력하며 살아왔다고 생각했는데 건물을 세울 줄은 몰랐다. 더욱더 감사한 일이었다. 나의 눈물의 시간들이 헛되지 않고 제대로 보상받는 기분이었다. 물론 건물을 공사하는 중에 겪은 고생은 말할 수 없이 컸다. 까다로운 공사 방식이며 허가 문제, 인부들의 터무니없는 요구들, 어떤 사람은 공사비 챙겨서 도망가는 일도 있었다. 매일 하루하루 아무 일 없이 지나가는 법이 없었다.

그런데 이 모든 힘든 일을 남편은 다 감당하였다. 남편은 올바른 삶을 살려고 애를 썼고 관계와 인연들을 중요시하였다. 평생을 그렇게 살아왔기에 어려움도 있었지만, 무사히 두 건물을 준공할 수 있었다. 스스로 건강을 되찾고 노후의 삶을 위하여 훌륭히 마무리하였다.

Building a Strip Mall

We had planned and saved to buy the land the Carvel was located on to build a small strip mall. The very land that I use to pick up trash, remove weeds, shoveled snow and took care of every day. It was the land that we bought with all that we sacrificed for and put everything we earned into after having come to the U.S. empty-handed. I was so thankful that I had no words to describe the emotions that I felt. God's footprints were clear to me and this was for sure God's plan. The mall was built under my husband's strict and watchful eye. As with any major construction project, there were a lot of complications. The construction was not easy. We had a lot of permit issues, endured workers' absurd requests, and even had builders take

상가 건축을 마무리한 후 Cavel 가게 앞에서

our money and run away. Problems came up daily during the construction but my husband endured all that. He tried hard to live right and do the right thing. He worked hard to keep good relations with the people around him. There were hard times because of that, but we were able to complete the building. We felt as though we were restoring our health and preparing for our retirements as the buildings went up.

Despite being ill and having many physical complications, my mother-in-law came to the completion ceremony. She was happy after seeing the building. It felt like we were given another chance. I always knew we worked hard to earn everything. We planned and worked towards the goal of building the strip mall, but never knew it would become a reality. Looking back on my memories of the difficult early years, made that day even more thankful. I felt like the time and tears shed in the past were worth it and it paid off.

허리 수술

어느 날 무릎이 불편하여 안고 서기가 힘들었다. 그러더니 며칠 후 허리 통증이 심해지고 고통도 심해졌다. 처음에는 침으로 해결될 줄 알고 한의원을 찾아가 열심히 침을 맞았다. 그러나 점점 고통이 심하여 견디기 힘들었다. 척추 디스크 돌출이 심하여 신경을 눌러서 잠시 쉴 틈 없이 고통이 몰려왔다.

곧 있을 큰아들의 결혼 날짜가 다가와 수술을 서두를 수가 없었다. 수술하면 당분간 움직일 수 없기 때문이었다. 그래서 결혼식 끝나고 수술하기로 하고 견뎌 보았다. 그러나 결혼식 당일 미장원에 가서 앉아 있을 수가 없을 지경이었다. 휠체어로 참석할 정도였다. 그래도 고집 부려서 그냥 남편을 의지하고 걷기로 하였다. 결혼식이 진행되는 동안 간절한 기도가 나도 모르게 튀어나왔다.

"아버지 저를 세워주세요. 쓰러질 수 없어요. 입장식을 못 한다고 할 수가 없어요. 이 아픈 내 몸에 평화를 주세요. 견디는 힘을 주세요. 식이 끝날 때까지 만이라도….”

그러자 불현듯 통증이 사라지는 것 같았다. 발걸음이 가벼워졌다. 쓰러질까 꼭 잡고 있던 남편 손을 풀었다. 환한 미소로 입장할 수 있었다. 아들은 식장에서 넙죽 엎드려 우리에게 절을 하였다. 우리에게 무한 감사하다는 절이다. 기막힌 순간이다. 파티장에서도 내 손을 잡고 아내를 맞기 전에 마지막 춤을 선사하였다. 나는 거듭해서 “감사하다. 잘 살아 달라.”고 속삭여 주었다. 무사히 예식을 끝내고 신혼여행을 떠나보내고 나서 입원하여 수술을 받았다. 2008년이었다.

My Back surgery

In 2008, a few days before Jung-Suk's wedding, my knees felt uncomfortable and it was difficult for me to stand or sit. After a couple of days, my back starting to hurt and the pain amplified. I first thought acupuncture would help but the pain kept getting worse. It was getting difficult for me to handle. Young Sun arranged for an evaluation and the MRI showed that my spine protruded so much that it kept touching my nerves, which led to my endless pain. I was evaluated and it was determined that I needed surgery. I could not rush to schedule my surgery because of my son's upcoming wedding. If I had the surgery, then I would not be able to move for a couple of days. I decided to endure the pain and to have the surgery after the wedding. On the day of the wedding, the pain was so bad I could not even sit in the beauty salon while getting ready. Even though I needed to have a wheelchair, I was stubborn so I decided to keep walking with my husband's support. With the help of painkillers, and with the prayers that spilled out of my mouth: "Father, please raise me up. I cannot fall. I cannot say that I am unable to attend. Please bring peace to this body. Give me the power to endure. Just until the wedding ends…" It felt like the pain was subsiding. My footsteps felt lighter. I was able to attend the wedding with a smile. M y son bowed to us. Even during the party, he offered to dance with me before he went to his wife. I whispered a word of thanks to him and told him to live happily. I went to have my surgery after sending him off onto his honeymoon.

나의 신앙, 나의 건강

한쪽 눈이 안 보이네

아침에 거울을 보는데 이상한 느낌이 들어 눈을 번갈아 깜빡깜빡해 보았다. 한쪽 눈이 안 보였다. 급히 안과에 가서 진찰했는데 안구 뒤쪽에 혈압으로 흐른 피가 꽉 차 있어 안 보이는 거라고 했다.

피가 고인 상태에서는 치료가 불가능하고 피가 더 흐르지 않도록 치료하면서 마를 때까지 기다려야 한다고 하였다. 약 2년 정도 병원 다니면서 기다렸다. 피가 흐르기를 멈추어 반쯤 열려서 조금 보일 때 간단한 수술을 두 번 정도했다. 약 4년쯤 되니 피는 완전히 멈추었고 희미하게나마 사물이 보였다.

양쪽 눈이 다 안 보인다면 어찌되었을까 생각하니 무한 감사한 일이었다. 모든 것이 순간이었다. '이럴 수가 있구나. 앞을 못 볼 수도 있구나.'라고 생각하니 하루 하루의 평안함에 무한 감사함을 하게 되었다. '지금 내가 무엇을 꼭 봐 두어야 하나, 어떤 기억을 내 눈에 꼭 담아 두어야 하지? 한 눈마저 안 보이면 어쩌지?'라며 걱정이 많은 시간이었다. 의사는 무엇보다 안정을 취하고 신경을 쓰지 말라고 하였다. 혈압에 무척 신경 써야 된다고 하였다. 2010년의 일이었다.

아콜라 한인 감리교회 권사 취임: (左부터) 신정자 권사, 본인, 김희경 권사, 강정례 권사

Losing my vision in one of my eyes

One morning in 2010, something did not feel right. When I looked in the mirror, I had to blink a couple of times and then I realized that I could not see out of one eye. I rushed to the ophthalmologist to have my eyes evaluated and he said that due to high blood pressure, the back of my eye was filled with blood blocking my vision. I needed surgery but we would need to wait to have the blood re-absorbed before the procedure. I waited around two years with frequent hospital visits. When the blood was almost gone, I had two laser surgeries. After four years, the blood finally dried out allowing my vision to improve. I felt thankful every day that I did not go blind. I worried, and kept asking myself: "What should I do if I cannot see right now? What should I keep in my memories? What would I do if I cannot see with my other eye?" The doctors assured me I should not think too much about that but rather, take my medication and concentrate on keeping my blood pressure under control.

머릿속에 종양이

2011년 고국을 방문하였다. 가족과 친지를 방문하고 모처럼 한국을 여행하기로 계획하였다.

한국에 도착한 이튿날에는 여동생이 부원장으로 근무하는 하나로병원에서 종합진찰을 받기로 하였다. 시설이 잘 갖춰져 있는 병원으로 하루에 모든 진찰을 할 수 있었다.

뇌검사에서부터 시작하여 몸 전체를 검사하는 중에 나의 뇌에서 종양이 발견되었다. 사이즈가 좀 커서 걱정된다면서 곧 미국에 다시 가서 검사하라고 하였다. 한국여행을 중단하고 다시 3일만에 미국으로 돌아와야 했다. 진찰을 다시 받고 딸이 근무하는 콜롬비아대학 병원에서 뇌 분야에서 훌륭한 의사에게 서둘러 진찰을 받았다. 정말 큰 종양이 있다고 하였다.

밤새 혼자 울며 기도하였다.

"내가 왜, 나더러 어쩌란 말입니까. 무슨 죄가 그리 많습니까. 이럴

수는 없습니다. 열심히 일하며 살아온 것뿐 아무것도 한 것이 없습니다. 또 하고 싶은 것, 해야 할 것 너무 많은데 나더러 어쩌란 말입니까?"

며칠을 울면서 허둥댔으나 누구에게도 내색하지 못하고 태연한 척 하루하루를 힘들게 보내고 있었다. 아직 엄마 손이 필요한 막내 홍석이에게 글도 몇 자 남겨 보았다. 홍석이가 제일 마음에 걸리는데 어쩌나, 그 생각으로 목이 메었다. 또 큰며느리 산달이 다가오는데 수술 날짜를 미뤄 아기가 태어난 후에 수술을 해야겠다 생각하고 날짜를 미루었다.

예쁜 손녀 다은이가 태어나는 것을 보고 수술하게 되었다. 뇌수술이어서 수술 후에 기억력 테스트를 많이 시켰다. 안명훈 목사님 내외분께서 병문안 오셔서 회복되는 모습에 안심하셨다. 수술 후 복용해야 할 약의 양이 많아 한 달을 참으로 어렵게 견뎠다. 식욕은 없고 많은 약을 먹어야 하고 식사 문제도 몹시 힘들었다. 무조건 감당할 뿐이었다.

Finding the benign tumor in brain

I went back and visited my homeland in 2011. We planned to visit my family and relatives. On my second day, while visiting Korea, I decided to have a check-up at the hospital my sister works at. It was a well-equipped hospital that allowed me to have a full whole-body check-up. During this evaluation, a tumor was found in my brain. They told me that I should have it evaluated once I go back to the U.S. because the size of it was big. I canceled the rest of my plans in Korea and went back to the U.S. After getting back, Young Sun made the necessary arrangements. I got it evaluated by a surgeon at Columbia Medical Center. I was told that it was a large benign tumor and it needed to be operated on. I cried all night praying.

I cried out to God: "Why me, what do you want from me? What have I done wrong? This cannot happen to me. I've done nothing but work hard throughout my life. There are so many things I want to do, have to do, but why do you do this to me?" I spent days crying and being frustrated but I did not admit this to anyone and continued to live every day as if I was fine. I wrote a letter to my youngest son Matthew who needed me the most. I didn't know what to do for him. I had a lump in my throat. Jung-Suk and my daughter-in-law were about to have their first baby so I pushed back my surgery until after she gave birth. I was able to see my granddaughter Megan born. They performed a lot of memory tests with me before and after the surgery. Pastor Ahn Myung-Hoon visited me in the hospital and was assured that I was recovering well. The month of recovery was difficult because there were a lot of medication to take. I just had to endure it all.

대상포진에 걸리다

내 몸의 저항력이 약해졌는지 면역력이 떨어져 늘 감기에 걸린 것 같은 증상으로 시달렸다. 기력도 없고 피곤했다. 이런 증상이 계속되어 병원에서 진찰을 받았더니 대상포진이라고 했다. 육체적 고통은 말로 표현하기 힘들 정도로 심했다.

이러한 고통이 나로 하여금 펜을 들어 늘 마음속에 간직되어온 성경 신,구약을 필사 하기로 작정 하였다. 필사 기간이 얼마나 될지는 모르지만 두 눈을 실명하게 되면 감수해야 할 그 아픔이 있기 전 한 눈으로 볼 수 있을 때 필사를 시작했다. 정석이가 펜 한 박스를 구입해 왔는데 전체를 필사 하는데 일곱 권의 필사 공책과 74자루의 펜이 필요했다.

The pain of Herpes Zoster

In 2013, I started to feel as though my immune system was getting weaker. I always felt tired, had no energy and I started to feel excruciating pain. I went to visit the doctor to see why and they diagnosed my pain as Zoster. I recently had the vaccine against it. The doctor said the vaccine should help and it should be a much lighter case. I was able to endure it but my body felt severe pain.

성경(신, 구약) 필사하다

오래전부터 생각하며 꼭 해 보고 싶었던 하나님의 말씀을 내 손으로 필사하기로 했다. 자손들을 앉혀 놓고 읽어줄 기회나 시간은 없었지만, 자손들에게 읽어주는 심정으로 내 손으로 한 자 한 자 쓰고 싶었다. 쓰기 시작하고 병마와 싸우는 시간이 많았지. 허리디스크, 망막 실핏줄 파손, 뇌수술 등 대수술로 인해 고비고비를 주님의 은혜 가운데 잘 넘겼다.

육체적 어려운 삶의 연속으로 시간이 걸렸지만, 하나님께서 힘주시고 능력 주심에 힘입어 감사히 끝마침을 할 수 있었다. 그 기쁨은 이루 다 형용할 수 없을 정도였다.

자손들에게 남기고 싶은 말은 너희들이 힘들 때 할머니는 늘 너희들을 위하는 마음으로, 기도하는 마음으로 성경을 필사할 수 있었노라.

To distract me, I decided to start a writing Bible

I have always put off doing this project, but with prayer, I decided to write the bible in Korean from cover to cover. I didn't know how long it would take me or when I would finish, but I wanted to complete the writing project before I became blind or had to go through more pain. Michael bought me a box of pens. While copying the bible, I used a total of 74 pens and 7 notebooks.

I decided to transcribe the words of God that I had been thinking about for a long time and wanted to do.

The God's Good News
Hand written
By

Katherine K. Rhee

**" Neither do people light a lamp and
put it under a bowl.
Instead they put it on its stand, and
It gives light to everyone in the house.**

**In the same way, let your light shine before men,
that they may see your good deeds and
praise your Father in Heaven."**

" 사람이 등불을 켜서 말 아래 두지 아니하고
등경 위에 두나니, 이러므로
집안 모든 사람에게 비취느니라.

이같이 **너희 빛을 사람 앞에 비취게** 하여
저희로 너희 착한 행실을 보고 하늘에 계신
너희 아버지께 **영광을 돌리게 하라."**

[Matthew 5 : 15 ~ 16]

성 경 필 사
(4. 10. 2009 ~ 3. 19. 2016)

I didn't have the opportunity or time to sit down and read it to my descendants, however I wanted to write every word of Bible with my own hands as I read to you. There was a lot of time when I started writing and fighting the disease. Due to major surgeries, such as herniated disc and brain tumor surgery, it has passed the turning point.

It took some time due to a series of physically difficult lives, but thanks to God's strength and power, I was able to finish it with his guidance thankfully.

What I want to leave to my descendants is that when you were having a hard time, grandmother was always able to copy the Bible with my warm heart for you and a prayerful heart.

성경 필사 상패

자녀들이 준 감사패

고마운 큰딸 영선, 사위 용우에게

리애, 홍석 결혼식장에서 영선과 우리 부부(6.26.2021)

태어난 지 1개월밖에 안 된 너를 떼어놓고 미국으로 와야만 했다. 그 미안함에 많이 울었고 마음에 응어리가 되었던 나의 딸 영선아! 공항에서 세 살 반이 된 너는 못 알아볼 만큼 커 버린 너에게 많이 미안하였단다.

정석이와 차별이 될까 염려도 많았다. 나름대로 너를 보듬어 준다고 하였으나 "그래도 네가 누나다."라며 양보를 하게 했었지. 네가 조잘거리던 생각이 어렴풋이 난다. 밖에서 미국 애들과 놀다가 대화가 안될 땐 화가 나서 "한국말도 못 하면서….."라면서 영어 못한다고 놀리는 아이들 때문에 토라진 모습이 기억난다.

까탈스럽게 구는 사춘기에도 아무 걱정 안 시키고 예쁘게 커 주었다. 아빠는 너를 여자아이라고 신경을 많이 쓰셨지. 여자애들만 다니는 가톨릭고등학교에 보내며 그때 다들 가는 프롬파티에도 못 가도록 했고 잘못하는 일이 있으면 손들게 하는 벌도 내리셨다. 참으로 엄하게 단속하면서 키웠는데 불만 없이 잘 따르고 잘 커 주어 고맙다.

우리가 원하는 의과대학을 말없이 받아들이고 열심히 노력하여 훌륭한 소아 심장과 의사가 되었구나. 그것도 어려운 소아심장전문의까지 되었으니 정말 장하다. 의사가 된 너로 인해 아버지도 건강을 찾았어. 한 집안의 장녀라는 위치가 그런 거란다.

어려운 공부로 인해 연애 한 번 못 하고 핸드백도 들어 보지 못했지. 커다란 책가방만 메고 다니며 애인도 없이 지낸다고 걱정했는데, 어느 날 남자 친구를 데리고 오더구나. 세월이 지나 벌써 두 아이 엄마로서 내가 지나온 길을 너에게 대물림했나 보다. 좋은 남편 용우를 만나고 멋진 두 아들 상준과 상현을 내 옆에 세워줘서 항상 든든하단다.

나의 사랑하는 딸 영선아!!!

사위 용우, 열심히 살아 고맙네. 부탁하네. 식구들이 쉬어가며 시원한 곳에서 삶을 살 수 있는 큰 나무의 그늘이 되어 주게. 더불어 늘 감사하며 더 큰 꿈을 키우며 행복한 삶이 되길 바라네.

To my thankful daughter Diane Young Sun & Yong Woo

To my daughter Young-Sun: I am sorry for having to leave you at one month after your birth. I felt extremely sorry to you when I was finally reunited with you at the airport after three and a half years. Seeing how much you grew; I could not recognize you. I was worried that you would be compared to Jung-Suk. I thought I shielded you well, but you had to yield a lot to your brother because you were the older sister. I still remember the times when you ranted about the injustices you faced. When you went out to play but came back home with an angry face because you could not speak English with the other children. I remember you coming back, talking angrily about how you were being teased for not being able to speak

English; you would say "they can't even speak Korean…". You didn't cause a lot of trouble as a child or adolescent. Your father was very protective of you because you are a girl. He sent you to an all-girls catholic high school, prohibited you from going to prom, and immediately punished you if you did anything wrong. We were really strict but you grew up well without any complaints.

You fulfilled our wish for you to go to medical school. You worked hard to become a successful doctor. We are even more proud of you because you became a Pediatric Cardiologist, which is difficult to be. Because of you becoming a doctor and your guidance, your father was able to get his health back. You did a lot for the family as the oldest sister. You did not date or even carry a fancy handbag because you were busy studying all the time. I was worried because you told me you carry around your book bag every day without any interest in boys, but one day, you brought your boyfriend home. Time passed by quickly and now you are the mother of two boys. Thank you, Young-Sun, for meeting such a good husband in Yong-Woo and having your two wonderful sons Sang-Joon(Ryan) and Sang-Hyun(TImothy) whom you have put firmly by my side.

Thank you, Diane.

Yong Woo, we always live a life that we lack and regret. Let's work hard in everything and live with gratitude for the abundant grace and love of the Lord.

맏며느리 은하 그리고 장남 정석에게

다빈 첫돌: 은하, 다빈, 정석 그리고 다은. 11.27.2019

이민 초기에 임신하여서 걱정되고 무척 망설이고 애태우던 아기, 그 아기가 문제 없이 잘 자라서 고등학교를 우수한 성적으로 졸업하였다. 졸업과 동시에 코넬대학에 조기 합격하여 동네에서 부러움을 받게 했던 아들 정석아, 큰소리 한 번 칠 기회도 안 주고 벌써 컸구나 했을 때는 법대생이 되어 큰 기쁨을 주더니 어느새 변호사가 되어 나타났네.

그것도 부동산 분야에서 인정받는 훌륭한 변호사가 되었다니 고맙구나. 졸업 후 변호사로서 인정받아 이제는 유명한 굴지의 Durst Organization, NYC의 부사장 겸 General Counsel로 일한다니. 나의 아들 정석아. 네가 큰 상을 받게 되었는데 행사가 겹쳐 있었지. 하지만 너는 혹여 우리 여행에 영향을 줄까 싶어 상을 받게 되었다고 말하기를 망설였지. 눈치채고 알아보니 훌륭한 상을 받게 되었다지 뭐니.

미동부 한인변호사협회 연례 만찬행사에서 이민자의 '개척자상'을 받게 되었다니 우리 집안의 영광으로 기뻐할 일이다.

너의 아빠는 잠을 못 이루고 이튿날 여행사에 전화하여 다행히 일정을 하루 앞당겨 시상식에 참석할 수 있었다. 얼마나 다행한 일이었는지 파티장에는 미국에 있는 한국인 변호사들이 400여 명 이상 모였는데 모두 미국 굴지의 큰 회사 출신들이었다. 홍석이에게 미리 준비시켜 옷을 가져오게 하고 기쁨이 가득한 장소에 우리도 참석하였다. 파티복을 곱게 차려 입고 언제 저렇게 컸나 큰 무대에서 우리 정석이가 어찌나 연설을 기막히게 잘하는지.

매일 열심히 일하는 아버지 어머니 모습에 성공을 꿈꾸며 이렇게 잘 성장하고, 이 사회에 우뚝 서줘 말할 나위가 없이 감사할 뿐이었다. 충실히 뒷바라지도 못해 준 것 같고 시간 내어 좋은 시간을 갖지도 못했어. 커가는 모습을 많이 못본 것이 미안하기만 하다. 왜 그리 바쁘게 살기만 했는지. 여유 없이 살아온 삶에 후회를 해 본다. 많이 미안하다, 정석아.

너에게 꼭 해주고 싶었던 말이 있다. 네가 어려서 보았던 할머니와 나 사이의 순탄치 못했던 그 모습은 한 가정의 울타리 안에 다른 생각들을 가지고 지내야만 했던 세대 차이 때문이라고 생각해 주려무나. 원하든 원치 않든, 좋든 싫든 남편 뜻을 저버리지 않고 애쓰던 엄마의 모습, 한 가족을 이루며 살아내려고 부서지지 않으려던 엄마의 안간힘, 한 가정을 꼭 지켜내려던 과정이라고 생각해다오. 그랬기에 오늘이 있는 것 아니겠니.

변호사인 예쁜 은하와 만나 결혼하여 이 세상에서 무엇과도 바꿀 수 없는 귀하고 예쁜 다은과 다빈을 우리에게 안겨 주었다. 참으로 고맙구나.

나의 둘도 없는 맏며느리 다은 에미야, 오늘까지 남편 옆에서 묵묵히 지치지 않고 남편 내조를 잘하며 행복한 가정을 꾸려가는 모습에 시어머니로서 참으로 고맙고, 고맙다는 말을 꼭 해주고 싶구나. 은하야, 우리는 늘 부족하고 후회되는 삶을 살기도 하지. 모든 일에 노력하고 주님의 풍성한 은혜와 사랑에 감사드리며 감사하며 살아가자.

또한 눈에 넣어도 아프지 않을 두 손녀 다은, 다빈을 건강히 잘 키우는 너의 모습이 내 가슴을 따듯하게 해주며 눈시울을 적시게 하는구나. 에미야, 고맙다. 그리고 건강히 잘 살기 바란다.

To my daughter-In-Law Bonnie & the oldest son Michael (Jung-Suk)

To the baby that I was worried about and stressed about due to the circumstances and the difficulties we were facing at the time of your conception and your birth being so early on into our immigration process. The baby, now a man has become one whom everyone was jealous of. You graduated with stellar grades from Cornell University, attended St. John's law school and then became an attorney. You grew up and matured so well without giving us an opportunity to scold you. After graduating from law school, you became an attorney and you now work at the well-known NYC Durst Organization as Vice President and General Counsel.

My son Jung-Suk, on the day that you received a huge award, you knew we had scheduling issues. You even hesitated to tell us you were getting the award because you were worried it would affect our schedule. Realizing that you were receiving an amazing award: The Korean-American Lawyers Association of Greater New York "Trail Blazer" Award, we re-arranged our vacation schedule allowing us to attend the award ceremony. There we were, with over 300 Korean attorneys from huge law firms at this ceremony. How well you delivered that speech

Jung-Suk, and in such an honorable place. There are no words to explain how thankful I was listening to your speech about how you grew up, dreaming of success, watching your parents work hard every day and how we inspired you. We couldn't give you a lot of support nor set aside a lot of time for you. I felt sorry for not being able to spend time with you and watch you grow up as a child. Looking back, I ask myself why did we live life in such a busy manner? I regret the busy life I had. I am very sorry Jung-Suk.

I also want to share with you that I hope you understand that the hard times that you witnessed between your grandmother and I were the result of different opinions we had in the house and it was mainly from the generation gap. Whether I wanted to or not and whether I liked it or not, I always tried to consider your father's opinions and plans. I hope that you saw all my attempts to keep us together. Today exists only because of that difficult time, don't you agree? Now you are married to your beautiful wife, Bonnie Eun-Ha who gave birth to your daughters, Dawn (Megan) and Da-Bin (Devin) who are both so precious and irreplaceable.

My invaluable the 1st daughter-in-law, Bonnie, to this day, I am truly grateful as your mother-in-law, and I want to say thank you, seeing how you have been quietly helping a husband standing well in a main stream and making your family happy. Bonnie, we always live a life that we lack and regret. Let's work hard in everything and live with gratitude for the abundant grace and love of the Lord.

In addition, the two granddaughters who do not hurt to put in my eyes. Megan and Devin the way you raise them in good health warms my heart and makes my eyes wet. Thank you, Bonnie and I hope you live in healthy life for years to come.

막내 며느리 리애 그리고 막내 홍석에게

홍석, 리애 결혼식에서: (左로부터) 정석과 은하, 홍석과 리애, 영선과 용우

내 나이 38세에 낳은 아들아, 우리에게 지금까지도 젊음을 주었던 너. 생각해 보니 너는 큰 보물이었다. 목사님께서 '홍보석'이라고 부르며 기도해 주셨다. 믿음 속에서 주일학교 교사로 충실했던 모습을 보면서 늘 흐뭇하고 깊어지는 신앙심을 갖고 어려운 도전을 하여 주었구나.

뒤늦게 공부를 시작하면서 "아버지, 어머니 죄송해요. 제가 잘할 게요. 꼭 해볼 게요. 3년만 기다려 주세요." 그럴 수 있겠느냐는 물음에 우리는 감사할 뿐이었다. 나는 너를 믿는다. 부모에게 자식에 대한 포기는 없다. 기다린다. 내가 너에게 많이 했던 말, 네 손으로 성경책에 쓰게 했던 말 "나는 너를 믿는다." 기억하지?

손재주가 많다고 생각했던 홍석이는 치과대학에 목표를 두고 공부를 시작했다. 안쓰럽고 대견하고 고맙기만 하다. 준비과정 약속대로 3년이 지나 발표를 기다리고 있던 어느 하루, 홍석이는 살그머니 옆에 앉더니 "엄마, 나 됐어요. 그런데 아빠한테는 집에 오시면 얘기할게요. 혹여 쇼크 받을까 봐 겁이 나요."라고 했었다.

지금은 서로 멀리 떨어져 있지만, 열심히 공부하면서 꿈을 키워 가니 고맙다. 바람이 있다면 좋은 아내를 만나는 것이었다. 어느 날 기도 중 그 어려운 치과대학에서 좋은 친구를 만났다고 하면서 함께 인사차 우리에게 들렀다. 또 한 번 감사할 기회를 줬다.

리애, 정말로 믿기 어려운 은혜와 축복이 우리 집안에 내려왔다. 리애가 나의 마지막 꿈을 이루어 주었다. 글로써 다 표현할 수 없는 이 기쁨. 리애야, 고맙다. 기쁨이 충만한 가정을 이루어 주어 행복하단다. 결혼 후 우리와 같이 생활하는 귀한 이 시간을 보다 많은 추억과 기쁨으로 간직하고 싶다. 서로 다른 환경에서 살다가 식탁을 같이하며 생활한다는 것에 많은 서로의 이해와 사랑으로 하루 하루를 감사하며 지내길 바란다. 많이 사랑한다.

To Daughter-In-Law Rie and my youngest Matthew

To my youngest son, whom I gave birth to when I was 38 years old. You have kept us young, even now. As I reflect on our life, you are a huge treasure to us. The pastor called you a ruby as he prayed for you. You took on a difficult challenge by becoming a Sunday school youth leader while you decided to prepare to go to dental school. We were thankful for your decision. No parent gives up hope on their child. I believe you can still recall that I often said to you, "I trust you" which I also asked you to write in my Bible.

Hong-Suk, you had a plan and vision to go to dental school and started studying for the entrance exam. I felt sorry but thankful at the same time. After three years, Hong-Suk, you sat next to me and told me that you made it into the Loma Linda Dental School in California. Although you live far away from us now while at school, I was thankful for how you continuously studied and strived for your goals. My last wish for you would be for you to meet a good wife. As though you heard our prayer wish, you brought home your girlfriend (Rie) that you met at school. You have given us something else to be thankful for.

Rie, a truly incredible grace and blessing has been given to our family. You have made my last dream come true. I appreciate Rie for the joy that I can't express in writing. You have made our family full of energy. I want to keep this precious time of living with us after marriage with more memories and joy. I hope you live in different environments and spend a day appreciating each other's understanding and love for living together. I love you so much.

남편에게

나의 곁에 있겠다고 다가와 줘서 고마워요.
나의 곁을 지켜봐 주셔서 감사해요.
나의 곁에서 보살펴 주셔서 행복했구요.

막내 결혼식장에서, Chappaqua, New York

나와 함께 지금의 오늘이 있기까지 건강하게 계셔서 기뻐요.
변함없는 오늘과 내일이 있음에 영원을 꿈꾸며 사랑해요.
늘 애틋한 마음으로 사랑해 주셔서,
저의 꿈을 키워 주셔서, 바꿔 주셔서 꿈을 이루고 이루었습니다.
정말 정말 고마워요.

To my husband

Thank you for coming to me, for staying near me.
Thank you for always looking out for me.
I was happy that you took care of me.
I am happy we have another day to be healthy.
I dream of a wonderful tomorrow.
For always loving me,
Giving me dreams, changing them, and letting me achieve them.
Thank you.

미국에 거주하는 식구들에게

미국 식구들: (앞줄 左로부터) 넷째 사위 이세남 승주 부부, 남편과 본인, 셋째 복희, 막내 경자
뒷줄 (左로부터) 제부 최규숙 경숙 부부, 제부 임익선 광균 부부, 다섯째 사위 임광선

자녀들아, 너희가 상상하기조차 어려운 삶을 우리 부부는 살아왔다. 미국 땅에 아무 연고 없이 도착한 곳, 두려움과 외로움 속에서 낯설고 물선 뉴욕 한복판에서 우리의 미국 생활이 시작되었다. 많은 바람과 때로는 폭풍 속에서, 때로는 소나기 쏟아지는 곳에서 피할 곳조차 없고 우산 하나 받쳐주는 이 없는 곳. 그 많은 집과 차들이 눈에 들어와도 우리의 것은 아무것도 없었다.

비를 피해 전철을 타고 그때에야 비로소 조금 안도의 숨을 쉬면서 도착한 그곳이 우리 집이었다. 전철이 시끄럽게 지나가는 브루클린의 외진 곳이 우리의 안식처였다.

그러나 지금이 중요하지 않은가. 우리는 지금 어디에 있는가. 공주 곰나루터에서 허드슨 강변으로 와 있지 않은가?

어느 날 남편과 의논하여 우리가 이렇게 시작된 삶에 있어 오늘날 모든 식구가 주님이 허락하신 복된 집에서 전부 모여 가족 파티를 열기로 하였다.

헤아려 보니 전부 57명쯤 되었다. 그 하루를 온전히 즐겼다. 큰아들 정석이는 사진사를 초빙하여 모두들 가족사진도 찍게 하여서 우리는 매우 기뻤다. 많은 세월 속에 얘기도 많고 사연도 많았다. 그러나 기쁨이 더 컸다. 모두가 한 가정도 구겨짐 없이 우뚝 서게 되었다. 모두가 사랑스럽고 고맙고 감사할 뿐이었다. 모두 자기 삶에 충실하며 건강하게 지내고 있다. 이민 초기의 모든 아픈 사연들, 지워지지 않을 것 같은 얼룩진 아픔들, 이제는 기억에서 모두 지울 수 있었다. 그런 일들은 어쩔 수 없었던 그때의 처지 때문이었고 그저 삶을 거치며 지나온 과정일 뿐이라고 여겨졌다. 그 일들을 감당하기 힘들어했지만, 시간이 지나면서 무엇보다 주님께서 감당할 힘을 주신 덕분에 오늘을 주셨다.

내 평생 열심히 아낌없이 일하며, 남편과 뜻을 같이 했다. 나에게 살아가는 힘이 없다고 생각되었을 때, 주님 말씀을 필사하고자 도전하여 아픔과 고통을 병마와 싸우며 7년만에 성경 필사의 소원도 이루었다. 이 손으로 우리를 사랑하는 식구들 복된 집에서 대접할 기회를 주시기를 기도했는데 이제 이루었다. 이제 남은 것은 모두를 꼭 안아 주는 것이다. 나의 꿈은 다 이루어졌다. 두 손 들고 감사하며 "나의 꿈은 이루어지다"를 외친다.

To our family living in U.S.

We lived the life that no one could have imagined. Landing in the U.S. without any help, we started our immigrant lives in the middle of New York, full of fear and loneliness. We felt that life was as turbulent as a hurricane, one that we did not think we could weather. We did not have anything. Looking around, we saw all the houses and cars that others had around us, but we had nothing. The remote first apartment in Brooklyn with that noisy train passing by, was our only shelter.

But where we are now, the present is more important than the past. With this in mind, we decided to have a family party to thank God for bringing us to where we are now. Once we finally gathered in one place, we counted a total of 55 family members that May. We enjoyed that day fully. There is a lot to say about the past. But the happiness that we now feel is greater. We stood as one family without the wrinkles of the past in our way. Everyone is now living a good life, and for this we are thankful. The painful events experienced at the beginning of our immigration journey, the pain that seemed to be stained in my heart forever, is a distant memory; it has been forgotten and erased from my mind. This was an unexpected result of a culmination of everything we experienced and now part of the healing process. It was difficult to travel that road, but God gave us the power to bring to this mind frame. With my husband by my side, I worked hard my whole life. When I did not think that I could continue and live this difficult life, I listened to God's word and challenged myself not to despair. I fought many illnesses for the last 7 years. I prayed that God would heal and bless us with his hands and give us a chance to be with our beloved family. Now all that remains is to hold everyone tightly. My dreams have been fulfilled. I raise both hands to give thanks to God and shout "My dreams have been fulfilled!"

너희의 아버지

너희 아버지는 전쟁으로 허물어진 가정을 세우기 위해 무척 애쓰셨다. 너희의 할아버지께서 일찍 돌아가셔서 경제적으로 매우 어려우셨다. 아마도 14세 때쯤부터 '아버지'를 부르지 못했을 것이다. 불러 볼 수 없는 아버지를 대신하여 소년 가장으로 성장기를 보냈던 것 같다.

홀어머니 한 분에 고모가 여섯 분이셨다. 위로 두 분의 고모님은 결혼은 하셨지만 형편이 되지 않아 어디서도 도움을 얻을 수 없으셨다. 오로지 학업에 충실하는 것만이 어린 나이에 할 수 있는 전부였다. 그 시기가 지나서 나와 결혼하여 우리 가족의 삶이 시작되었다.

어려움 속에 성장한 그의 삶은 늘 책임감뿐이었으나 짊어진 짐에 대해 불만 없이 기꺼이 감당하고 받아들이는 자세였다. 혼자 되신 어머님의 노후 걱정, 많은 여동생의 보이지 않는 앞날의 걱정을 등에 지고 사셨다. 나의 이해 부족으로 너희 아버지를 힘들게 하여도 나를 인도하며 끊임없이 애를 쓰셨다.

후에 너희 아버지께서 비석을 세우며 아버님 산소를 손보려고 하셨다. 그러려면 먼저 그 위 조상 산소부터 보수해야 했다. 고사리 같은 손으로 정석이가 삽질도 하면서 조상님부터 아버님 산소까지 화강암 돌로 정리해 정성껏 모셨다.

그 다음 장남으로서 너희 아버지가 해야 할 일 중 하나는 어머님 노후 대책이었다. 어머님 노후를 위해 준비한 집은 큰누님에게 다 드렸다. 그리고 어머니를 다시 미국에 모셨다. 동생들을 우리가 다 미국에 초청하여 Carvel 연세점 사업을 시작하도록 도움을 주었고, 이제 정착하여

다 잘살고 있다.

너희 아버지는 말로 형용할 수 없는 고통을 등에 짊어지고서도, 베풂에 인색함이 없이 오늘을 살아오셨다.

이제 주님이 주시는 축복의 햇살을 받으며 감사의 나날을 보내고 있다. 아픔과 고통이 많았기에 그 감사는 남다르고 깊다. 뉴욕 시내가 훤히 내려다 보이는 주님이 허락하신 이 집에서 그동안 살아온 발자국을 회상하며 이 자서전을 쓰며 바라보는 너희 아버지는 오늘도 너희들 성장한 모습에 한껏 행복해 하시며 두 손 모아 감사 기도 드리신다.

에콰도르, 적도 선상에서 (Ecuador)

Your father

My children, your father worked hard to rebuild his family ruined by war. Your grandfather passed away too early, so it was difficult economically. Your father was not able to call anyone "father" after the age of 14. He spent his adolescence stepping up and replacing his father as the head of the family. He had to take care of his mother and six sisters. The two older sisters were already married when I came into the family, but they were not able to help your grandmother, father, or sisters due to their difficult economic situation.

Studying hard was all your father could do when he was young. My life with your father started after that stage passed. With a lot of responsibility during difficult times, your father never complained about the burden that was given to him as the only son. He endured them all. He always worried about taking care of his mother and his younger sisters' unplanned futures. As we went through the hard times, I did not fully understand all your father's intentions. We had many disagreements, but through it all, he always tried his best to make me understand his thoughts and he stood by me solid as a tree when I needed him.

As the oldest son, your father had to take care of his mother. The house we originally prepared for your grandmother to live in was given to your father's oldest sister; your grandmother was brought back to the U.S. to spend her last days. We then applied and brought your father's siblings to immigrate to the US and start their businesses; now they are all living well.

Your father endured many unexplainable hardships and pain. Now he lives everyday thankful to God for providing blessings and sunshine onto our lives. The gratitude we have is unique and deep despite all of the pain and hardships that we have endured. As I sit writing this, looking out onto the NYC skyline, I feel the same joy that your father has for all that God has given to us.

나, 경애야

참으로 수고했다
아주 많은 시련 속에, 많은 숙성 속에
아주 많은 노력 속에 많은 인내와
아주 많은 보람 속에 결실을 보며
아주 많은 기쁨 속에 행복 속에
아주 많은 사랑을 하고 사랑을 받고
아주 많은 베풂과 나눔으로
아주 많은 은혜를 영혼과 연결 하여
감사합니다.

나의 나 된 것은 다 하나님의 은혜라.
경애야,
아주 많은 하나님의 사랑을 받았으니
아주 많이 감사함으로 모든 것을 잊고
좋은 추억과 기쁨으로 장식하며 끝을 맺고 나아가자.

To myself

Kyung-Ae,
You did well.
Between the difficult trials and passage of time,
You worked hard with endurance
And saw fruition after all the work.
With so much joy and happiness,
You gave a lot of love and received a lot of love.
After a lot of sharing,
And all the grace of God has given to us, Thank you.
All that I have become is by the Grace of God.

자서전을 마감하며

안녕하세요. 저는 이번에 자서전 쓰기 수업을 들은 신경애 권사입니다. 작년 가을 학기에 처음 수업을 들었고 이번 봄학기에 다시 들으면서 제 자서전을 완성할 수 있어서 감사합니다.

자서전 쓰기 수업은 두 부분으로 이루어져 있습니다. 먼저 쓰기에 대하여 생각해 보아야 할 여건들을 강의식으로 진행이 됩니다. 자서전을 쓰면서 부딪히는 어려움을 어떻게 해결할지 서로 생각을 나눕니다. 그 다음 생애 주기 별로 이루어진 질문지를 가지고 서로 대화를 나눕니다. 웨슬레 제자 학교가 7번 혹은 8번 강의가 있으면 한 번의 강의 때마다 10년씩 끊어서 유년 시절, 청년 시절, 결혼, 육아, 장년 시절 등으로 나누고 각각 스무 개 정도의 질문들이 있습니다. 예를 들어 최초의 기억은 무엇입니까?

자신의 인생에서 중요한 기점은 무엇입니까? 대학 교육을 받았다면 수업료는 어떻게 조달했습니까? 직업을 택했다면 왜 그 직업을 택했나, 보수는 어땠습니까? 등등 아주 구체적인 질문이 스무 개 정도 있는데 이 질문에 대답하듯 써나가다 보면 어느새 한 권의 자서전이 완성되는 것입니다. 자서전 수업은 서로 자신들의 이야기를 말할 수 있는 기회가 있어서 활기가 있습니다.

자서전은 자신의 생애에 대해 자신의 기억에 의존하여 스스로 쓴 전기입니다. 우리가 흔히 아는 《백범일지》나, 《벤자민 프랭클린 자서전》같이, 자서전은 대단한 업적을 쌓은 사람이나 쓰는 것이라고 생각합니다. 그래서 자서전 쓰기를 망설이기 쉽습니다. 그런데 저는 나의 자녀들에게 미처 해주지 못한 나의 이야기들을 들려주고 싶어서 썼습니다. 나의 자녀들은 미국에서 태어났지만 한국어를 읽기는 합니다.

그런데 이 자서전 수업에서는 강사님의 도움으로 특혜가 있습니다. 영어로 번역되기 때문 에 내가 이 세상을 떠나고 나서도 나의 이 자서전이 있는 한 이야기는 후손들에게 전달될 수 있습니다.

저희는 1972년에 미국에 왔습니다. 현재 큰딸, 큰아들 그리고 막내아들 셋이 있습니다. 다행하게도 남편 이기웅 장로님이 미국 생활 초기부터 2세 교육에 많은 심혈을 기울여 스태튼 아일랜드에 한국학교를 뜻이 있는 분들과 힘을 합쳐 설립하고, 한국어를 가르쳐 현재는 자녀들과 모국어로 불편 없는 대화를 나누며 살고 있습니다. 읽는 것도 어느 정도 다 읽고 있습니다. 그렇지만 손주, 손녀들은 어떻게 될지 모릅니다.

먼 훗날 자녀들이 우리가 어떻게, 왜 미국에 정착해 살았는지 그 외에 궁금한 것들이 많을 것입니다. 그때를 저는 생각해 본 것입니다. 내 친필의 글을 남김으로 오랜 세월이 지나도 그 모든 궁금증을 자손들에게 계속 전할 수 있다고 생각했습니다. 그것이 바로 자서전이 아닐까 생각이 들 게 되었습니다. 쓰기가 어려운 일도 있을 것이고 지난 삶이 고통스러워 다시 회상해 보고 싶지 않은 것도 있었지요. 하지만 용기를 내어 뜻하지 않은 결단이 먼 훗날 자손들에게 교육이 될 수 있을 것이라 저는 생각했습니다.

그들의 삶에 도움을 줄 수 있겠다고 생각이 들었죠. 오늘날 한인사회에는 미 주류사회에서 매우 특출나게 성공의 가도를 달리는 우리 후손들이 많은 점 다들 동감하시리라 믿습니다. 생각하는 자손들이 있어 그들이 생각할 때 자신의 조상들이 노력으로 일구어낸 것들이 얼마나 값진 것인지도 알게 되리라 믿습니다.

말해 주고 싶어도 이미 우리는 말할 수 없는 곳에 있을 때 스스로 알게 될 것이고, 듣고 싶어도 들을 수 없는 자손들에게 줄 수 있는 것이 저는 자서전이라 생각을 했습니다.

다 못한 대화에, 이것이야말로 기회라 생각됩니다. 이렇게 하나님 말씀 외에 특별한 수업 기회를 주신 안명훈 목사님께 감사드리며, 강의를 위해 애써주신 김동민 집사님께 무한 감사를 드리며 저희 발표를 마칠까 합니다. 감사합니다.

약학대학 동창들과의 여행

임규철, 이선부, 경애. 태평양 횡단 cruising 여행

약대 동창 친구들: 장동림, 최병림, 조혜환, 이선부, 임규철, 남궁정순

언젠가는 동창들과 같이 여행을 해봐야겠다는 꿈을 꾸고 있었다. 대학 졸업 후 미국으로 오면서 헤어진 대학 친구들과는 전화로만 소통하고 있었고, 어쩌다 한국에 다니러 갈 때면 급하게 만나 얼굴만 볼 정도였다.

노후로 접어들면서 시간의 여유가 생기고 그 꿈이 이루어지게 된 것이다. 어렵게 의논이 되어 여행을 가기로 했으나 몇몇은 여의치 않아 규철 내외, 선부 내외, 우리 내외, 그리고 선부 장남 내외 이렇게 크루즈 여행을 하였다.

캐나다 밴쿠버에서 시작된 여행길에서 참으로 귀한 시간을 보낼 수 있었다. 특히 선상에서 팬 플룻을 연주할 수 있었던 것은 길이 남을 추억이었다. 〈어메이징 그레이스〉와 〈하나님 한 번도 나를〉 두 곡을 하늘을 향해 연주하였다. 또 하나의 꿈이 이루어지는 순간이었다.

친구 규철이 남편이 목회자여서 주일에는 친구들과 예배를 드릴 수 있었다. 무엇보다 예배를 위한 특송으로 팬플루트를 연주할 수 있어서 감사했다.

예배 가운데 주님께서 내게 베푸신 은혜에 대한 감사로 눈물을 흘렸다. 크루즈여행 열흘째 몸에 이상이 생겼다. 신장에 담석이 생겨 고통 속에 일본에 도착하자 마자 한국으로 향했다. 설상가상으로 남편도 한국에 도착한 후 코에서 출혈이 멈추지 않아 급히 미국으로 돌아와야만 했다. 뜻하지 않은 사고로 한국에서 하기로 한 귀한 여행도 포기해야만 했다.

Travel with alumni of the College of Pharmacy

I was dreaming of going on a trip with my classmates someday. After graduating from college, I was only communicating with my college friends on the phone when I came to the United States, and when I accidentally went to Korea, I met their face in a hurry. As everyone entered old age, they had time to spare, and that dream came true. It was difficult to discuss and decided to go on a trip, but some couldn't afford it, so Gyu-cheol, her husband, Seonbu, her husband, and Seonbu's son's couple.

I was able to spend a truly precious time on the journey that started in Vancouver, Canada. Particularly, being able to play the fan flute on board was a lasting memory. I performed two songs, “Amazing Grace,” and “God once more for me,” toward the sky. It was the moment another dream came true.

Pan Flute play at worship during Celebrity cruising on the way Vancouver to Tokyo, 2018

약학과 동창들과 태평양 횡단 크루스 여행: 임규철, 조남정 목사 부부, 이선부, 임관일 장로 부부, 임성도 님 부부, 우리 부부, 2018

Husband of Kyu-cheol is a pastor and her husband was able to worship with friends on Sunday. Above all, it was special because I was able to send a special song for worship for the first time. During the worship, tears shed because of the Lord's gratitude for the grace that the Lord had given me.

I was able to spend a truly precious time on the journey that started in Vancouver, Canada. Particularly, being able to play the fan flute on board was a lasting memory. I performed two songs, "Amazing Grace," and "God once more for me," toward the sky. It was the moment another dream came true.

Husband of Kyu-cheol is a pastor and her husband was able to worship with friends on Sunday. Above all, it was special because I was able to send a special song for worship for the first time. During the worship, tears shed because of the Lord's gratitude for the grace that the Lord had given me.

홍석의 성공적인 학업

홍석과 둘째 며느리 리애. 치과대학 졸업식에서 5. 28. 2021

막내 홍석이가 그 어려운 공부를 늦게 시작해서 걱정이었는데 큰 별을 따서 부모의 가슴에 안겨 주었다. 공부 자체만으로도 쉽지 않았을 것인데 Dean's List, 2018에 든 것이다. 홍석이가 어렸을 때 내 성경에 써 준 글귀가 떠올랐다. "I trust you. May, 1999"

당시 15살의 사춘기를 보내고 있었을 때 내가 홍석이에게 내 성경 책에 써 달라고 한 글귀이다. 홍석이가 엄마와의 약속을 지켜 주었다. 이로써 영선이, 정석이, 홍석이 나의 귀한 자녀들은 나의 삶을 통해 맺은 귀한 열매, 감사할 이유가 되는 자녀들이 되어 주었다.

용우 영선아, 은하 정석아, 리에 홍석아, 너희들이 내게 와 주어 많은 꿈과 행복으로 가득 채워 주어서 고맙다. 다시 한번 너희에게 고맙고 안아 주고 싶구나. 하나님께 너희로 인해 감사하고 모든 영광을 드리고 싶다. 모두를 많이 많이 사랑한다.

Successful academic Achievement of Matthew

I was worried about his studies and was worried about the difficult study since he had started a little late, but he gave us a big star in his parents' heart. It is not easy to be in the Dean's List, 2018.When Matthew was a child, I asked him to write my Bible. "I Trust You. May, 1999 "

When he was a 15-year-old at the time, I had a letter that Hong Seok had written in my Bible book. Matthew kept his promise with his mother. As a result, my young children, my precious children who have been precious to my life, turned to the precious berries, and children who have been grateful.

Thank you for filling me with a lot of dreams and happiness that you have given me, Jung Seok, Hong Suk, I would like to thank you again and hug you. I would like to thank God and give all the glory.

다빈이가 태어나다

둘째 손녀 다빈 그리고 다은 5학년 첫날에

얼마나 기다리고 바랐던 귀한 선물인가. 할아버지가 며칠을 생각해서 지었고 아들 내외도 동의해 주어서 '이다빈' 이름 석 자를 지었다. 남편은 한동안 손을 놓았던 붓글씨를 하루 온종일 다시 연습해서 서예 족자를 만들어 아들 내외에게 선물로 주었다. 우리 늦게 본 손녀딸인지라 많이 사랑해 주어야겠다는 생각에 너무 기뻐 눈물이 난다. 백 일을 기쁘게 맞이하면서 감사하다. 다빈아, 사랑해.

다빈이 출생에 이어 정석이가 큰 상을 받고 인정받는 변호사로서 귀한 삶을 살게 되어 고맙고 감사하다.

Devin is born

How long have we been waiting for a precious gift? His grandfather was thinking for a few days, and he named a precious grand-daughter as Devin, and he made a scroll with her name in it with calligraphy. My husband had a brush on his hand for a while, and he practiced the hand of a hand, and he made calligraphy. We are so delighted to think that we should love a lot of granddaughters. Thank you while pleased to be happy. Devin, I love you.

Thanks, and appreciation and thank you for the birth of Devin and living a good life as a lawyer who is recognized as a great prize.

Megan Dawn born 02. 08. 2011.

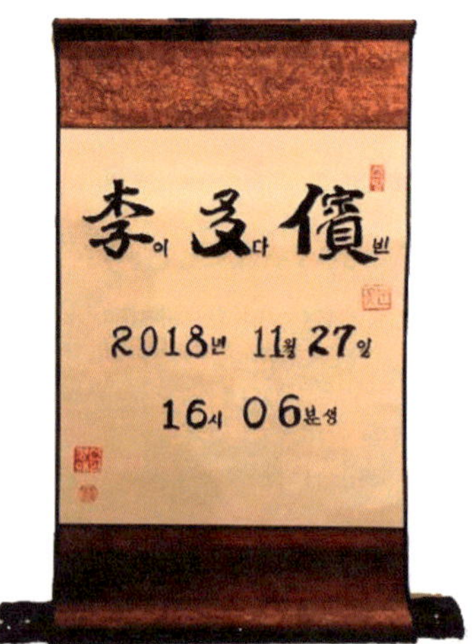

Devin born 11. 27. 2018

아버지 육영사업을 키운 동생 신인균

친정아버지 대통령 표창, 동생 인균도 대통령 표창장을 받음

나의 자매 넷째 인균은 어려서는 여러 자매 틈에서 고생도 많았다. 한창 사춘기일 때 어머니가 돌아가셔서 더 힘들었을 것이다. 큰언니인 나에게는 아픈 손가락 같은 존재이다. 오래전 이민 초청이 풀려 미국으로 이민 와서 2년 동안 지내다가 다시 한국으로 돌아갔다.

인균이 미국에 오자마자 세탁소를 부족함 없이 운영하는데 남편 최수열 님이 미국 생활에 적응이 잘 안 되었다.

그래서 아버지가 하시던 사업 터전에서 수많은 어려움을 헤쳐나가면서 잘 키워서 지금은 유치원 재단법인을 크게 성공시켰다. 학업에도 게으르지 않고 대학원까지 졸업하고 시대에 뒤처지지 않기 위해 열심히 살아가는 동생이다. 동생은 평통의 임원으로서 사회봉사에도 열심이고 많은 상을 받았다. 올해에는 대통령상까지 받았다.

아버지께서도 육영사업을 통해 그 시대에 필요한 공헌을 하여 대통령상을 받으셨는데 대를 이어 인균이가 받게 된 것이다. 다시 한번 평산

신씨의 가문을 빛나게 해준 것 같아 고맙고 기쁘다.

우리는 노력했다. 그리고 다 이루었다. 감사한다. 모두를 사랑한다.

My sister who made her father's dreams come true

My fourth sibling was stubborn and had a lot of hardship with her several sisters. When her teen was without her mother, it was a sore finger for me. A long time ago, her immigrant invitation was released and she came to the US and she went back to Korea two years later. As soon as she comes to America, she runs a dry-cleaning business without any experience, and her husband could not accommodate American life. As of today, she made her career very successful in kindergarten. She is working hard to graduate from graduate school. She was a member of the unification council of ROK, and she was eager to serve and received many awards. She received this year's President Award. She seems to be grateful and glad that she has made our family legacy continuously shining for years to come.

With infinite efforts, I thank all the families who stood on its own feet in this land. I hope that all these efforts, the power to do the minds, will be transferred to my descendants to come, We have tried our best.

And it was done. Thank you. I love everyone.

가족들과의 페루 마추픽추 여행

처음에는 어려움과 힘든 일이 있었지만. 이제 많은 세월이 흘러 한 번쯤 온 가족이 함께 여행하면서 못다한 정을 나누고 싶었다. 이민자로서 낯선 환경에서 모두 힘든 시간을 보내며 과연 좋은 날이 올 수 있을까 싶어 하며 견딘 지난날이 아니던가.

이제는 어려웠던 시간은 다 묻어버릴 수 있는 우리가 되었고, 좋은 추억으로 감사할 수 있게 되었으니 남은 삶을 값지게 동행할 수 있으리라.

형도 부모 이세남 님, 다섯째 시누이 이복남, 여섯째 시누이 이경자, 이들은 남편이 몹시도 안쓰러워하고 걱정 많던 시누이들 아니던가. 그래도 이민 올 당시 데리고 와야 할 형편에 우리에게 도움을 주신 이세남 님에게 늘 감사한다.

그가 다섯째 아가씨와 혼인했고 정말 지금까지 우리 곁에서 많은 힘이 되어 주시고 행복한 가정을 이끌어 주셔서 고맙게 생각한다. 그들의 큰아들 이형도가 결혼하여 훌륭한 아내와 귀한 딸 둘을 두고 있다. 딸 이보라는 남편이 든든한 뉴욕시 형사로서 경찰직에 몸담고 있으며 아들과 딸을 두었다. 이보경은 좋은 일을 기다리고 있다.

막내 시누이 이경자는 임광선 님과 결혼하여 오랫동안 시모님께서 울타리가 되어 주었고, 지금은 귀한 가정을 가꾸면서 잘살고 있으니 고맙고 큰 기쁨이다. 슬하에 두 딸, 린다와 수현, 그리고 아들 승호를 두었는데 사업하는 큰사위와 의사인 둘째 사위를 두었고, 막내아들 승호는 제 꿈의 길에 서 있다. 임광선 님은 부지런하며 생활력이 강해서 튼튼한 가정을 꾸리고 있어서 고맙다.

모두가 지난날 고생도 많았지만, 이제는 여유롭게 행복하게 살고 있으며 함께 여행하게 되니 더없이 기쁘다. 여행길에서 시누이들은 나에게 정말 다시 한번 감사하다고 말해 주었는데 나 또한 고마운 마음이었다.

"언니, 수고했어요. 고마워요. 우리 오빠는 너무 행복한 사람이에요. 언니같이 남편과 자손을 귀하게 여기고 수고한 사람이 없어요. 시집와서 고생 많았어요."라는 기막힌 칭찬에 감읍하며 말문이 막히고 말았다. 내가 오히려 더 고맙고 감사하다. 다들 건강하게 잘 살아 주어서 고맙다. 앞으로 더 건강하게 남은 삶을 가족으로서 동행하길 기원한다.

Travel with family

Due to their family members who were born and grew up with different parents, it was very difficult and hard work. Now time

조카딸 수현, 남편, 경자, 4째 승주, 본인. 뒷줄 Peter Fu,MD, 임광선, 이세남

passed by and I wanted to have a family trip. In the strange environment as an immigrant, everyone has a hard time, and not the last day.

Now, we became an older that could be buried, and now we can thank you for a good memory, so we can accompany the remaining life.

SeungJu and her husband Lee Se-nam, Kyungja with her husband and Niece Theresa and her husband accompanied. I am always grateful to SaeNam Lee, who helped the remaining family in Korea while we were living in New York. I really appreciate him so much.

페루, 마추픽추 가족들과의 여행 9. 2018.

자서전을 마무리하며

나의 삶을 돌아보니 한 일보다 하지 못한 일이 더 많다. 이제 새로운 꿈을 가지려 한다. 늙는 것은 아무나 노력하지 않아도 다할 수 있다. 내가 할 수 있는 것을 찾기로 했다. 음악을 좋아했던 나 아니던가. 언젠가부터 꿈이었던 팬플루트를 배우기로 했다.

내 나이 생각하지 않고 꿈을 키우기로 하고 도전장을 내어 시작해 보련다. 까맣게 잊어버리고, 굳어 버린 손이지만 피아노로 '엘리제를 위하여'와 팬플루트로 찬송가 '나 같은 죄인 살리신'(Amazing Grace)를 들려주는 것이 나의 꿈이 되었다. 꿈이 있음에 오늘도 감사하다. 오늘까지 업고 와 주신 하나님께 감사 드립니다. 모두를 사랑한다.

〈나 같은 죄인 살리신〉 팬플루트 연주, 홍석과 리애 결혼식에서. 6. 27. 2021

Finish my autobiography

There are more things that I have not accomplished yet. today I have a new dream. To get older everyone could do without any effort. I decided to find what I could. I decided to learn the pan flute since I like music. That was a dream from someday. Despite my age, I may pursue my dream, and start the challenge. Someday it was my dream to sit with all the children and play Amazing Grace. I am thankful today!

I love everyone!

주님과 동행 해온 발자국을 상상하며 정원의 돌로 만들어 봤다.

곰나루터에서 허드슨강까지

송당 이기웅 · 신경애 부부 자전에세이

Short Reflection of Kiewoong Walter & Katherine Rhee